성도가 한국 교회에 드리는

성경 바로보기

성경 바로보기

하나님의 영을 우리 마음에 두는 하나님의 언약

초판 1쇄 발행 2023년 6월 30일

지은이 박용호
펴낸이 장길수
펴낸곳 지식과감성#
출판등록 제2012-000081호

교정 김지원
디자인 이현, 서혜인
편집 이현, 서혜인
검수 한장희, 정윤솔
마케팅 정연우

주소 서울시 금천구 벚꽃로298 대륭포스트타워6차 1212호
전화 070-4651-3730~4
팩스 070-4325-7006
이메일 ksbookup@naver.com
홈페이지 www.knsbookup.com

ISBN 979-11-392-1158-0(03230)
값 15,000원

지식과감성#
홈페이지 바로가기

✳ 한 권으로 보는 성경 핵심

성도가 한국 교회에 드리는

성경 바로보기

박용호 지음

하나님의 영을
우리 마음에 두는
하나님의 언약

지식과감성#

성경 바로보기
목차

창세기의 본문 CORE 말씀

구약의 본문 CORE 말씀

신약의 본문 CORE 말씀

그리스도의 법이 마음에 심어진 신앙

[부록] 사도바울의 간증, 회심과 고난의 고백

시작하며

성경은 하나님의 말씀으로 기록되었다는 것을 누구나 알고 있습니다. 성경은 구약 39권, 신약 27권으로 전체 66권입니다.
각 권을 기준점에 따라서 분류합니다. 하나님의 말씀은 각 권마다, 각 장마다, 각 절마다 기준점이 있습니다.

국내외에 성경 각 권을 주제로 하여 강해, 설교 등 다양한 서적들이 있습니다. 그러한 서적은 우리가 어디서나 마음만 먹으면 쉽게 접할 수 있습니다.
성경은 방대하고 각 권마다 전하고자 하는 핵심이 다르니 설교자의 마음에 따라서 성경을 해석하여, 성도들이 '하나님이 쓰신 성경'을 보는 눈을 갖기가 어렵습니다. 그러다 보니 성경의 핵심 줄기를 모른 채 성경의 가지만을 보게 됩니다.
성경의 가지만을 갖고 하나님의 구원을 가르치니 이단이 일어나고 교회가 본질을 상실하고 있습니다. 많은 이단이 성경을 택해 미혹하였고 교회가 잘못된 신앙을 가르치게 되는 동기가 되고 있습니다.

하나님은 구원에 관하여 하나님의 관점에서 성경 전체를 통해 말씀하시는 말씀의 줄기가 있습니다. 이제부터 하나님이 왜 아담으로부터 여자의 후손을 택해 예수 그리스도를 보내 주시고 우리를 구원할 수밖에 없었는지 성경 전체의 핵심을 알아보도록 하겠습니다. 이번 기회에 성경을 통해 하나님이 말씀하시는 본질을 알고, 본질을 깨닫게 될 것입니다. 하나님의 관점에서 보는 성경의 줄기에 대한 글을 쓰게 된 동기입니다.

성경은 우리가 알고 있는 대로 구약과 신약으로 나누어 기록되어 있습니다. 그러나 하나님의 말씀을 제대로 파악하고 하나님의 의도를 알기 위해서는, 성경을 창세기, 구약, 신약으로 구분해서 봐야 합니다.
하나님이 말씀하시는 주제를 다시 간략히 살펴보면, 타락한 사람들을 구원하기 위한 하나님의 계획은 창세기에 적혀 있습니다. 창세기는 사람들에게 살아 계신 하나님이 믿음의 조상으로 아브라함을 세우고 예수 그리스도를 보내 구원하신다는 것입니다.
그리고 구약은 모세를 통해 하나님이 전한 율법을 잘 지켜서 구원받을 수 있는지 여부를 율법에 익숙한 인류에게 알려 주는 메시지입니다. 율법으로 하나님의 계명을 지키지 못한 이스라엘은 하나님의 심판으로 나라가 멸망하였습니다.
신약은 하나님이 육신이 되어 우리의 마음과 생각에 진리의 성령을 보내 주시어, 창세기에서 아담으로부터 시작하여 아브라함에게 약속했던 언약을 예수 그리스도로 이루신다는 내용이 성경의 핵심 줄기입니다.

하나님은 성경을 언약으로 말씀하시고 있습니다. 그 언약을 시대와 시기별로 나누어 보면서 이를 토대로 성경을 바로 보는 성경의 길잡이를 서술하였습니다.
인류의 역사에 사람의 의도로 많이 각색된 신학 서적들이 즐비합니다.

그러나 이제 하나님의 관점에서 다시 성경을 봐야 합니다. "성경으로 돌아가자" 하고 말하는데, 어떻게 해야 성경으로 돌아갈 수 있는지 그 방법을 알려 주어야 합니다.
구약의 율법을 설교하고 계시록으로 종말을 풀이한다고 사람이 변하는 것이 아닙니다. 그렇게 율법이 우리를 변하게 했다면 구약의 이스라엘이 멸망하지 않았을 것입니다.

아담의 원죄는 예수 보혈로 사라졌지만 그리스도의 보혈이 무색하게 아담의 죄는 여전히 잉태되고 있습니다. 하나님을 사랑하지 않는 것이 죄인 것입니다. 사람의 욕구를 기도하는 것이 죄인 것입니다. 세상의 욕망을 향한 권력과 물질과 자랑과 자유는 사탄이 갖고 있는 최고의 무기입니다.
하나님의 말씀을 대신하는 신학과 종교 지도자와 이단과 사람들이 너무 넘치다 보니 죄를 모르고 구원받았다는 구원론이 교회를 덮어 버리고 말았습니다.
사람이 갖고 있는 마음이 변할 수 있는 거듭남의 비밀은 단 한 가지임을 성경은 말합니다. 예수 그리스도가 주시는 예수 마음으로 마음의 옷을 갈아입으라는 것입니다. 영으로 난 것이 영이라고 말씀합니다. 말씀이 생명이 되는 기도를 쉬지 말고 하라는 것입니다.
어떻게 기도 없이 사람이 변할 수 있습니까? 어느 누가 교회만 다니면 선해지고 구원받는다고 말하고 있습니까? 지금의 교회는 자기의 죄는 숨기고 율법적인 신앙인만을 양산해 내고 있습니다.

나의 죄를 성령 하나님으로부터 조명받은 사람은 죄를 이기는 기도를 매일 매 순간 하게 됩니다. 사람은 기도를 쉬는 순간 다시 사람의 속성으로 돌아가기 때문에 하나님이 기도를 쉬지 말라고 하신 것입니다.
그 기도는 하나님의 언약을 붙잡고 예수 보혈로 사탄을 이기게 해 달라는 기도입니다. 예수 그리스도의 이름으로 보내 주시는 성령이 나를 통치해 달라는 기도입니다.
기도하자고 하는데 하나님이 원하시는 기도를 해야 합니다. 하나님은 자신을 십자가에서 죽이면서 모든 것을 다 이루셨습니다.

그 모든 준비를 아담부터 예수 그리스도까지 완벽하게 하신 것이 성경의 줄기입니다. 이제 우리가 응답할 순서입니다. 그러나 아직도 사람은 깨닫지 못하고 있음을 보게 됩니다. 교회가 준비되어 있지 않음을 보게 됩니다. 진리의 성령을 받으라고 하셨습니다. 그러나 우리가 받을 준비가 되어 있지 않습니다.
어떻게 하나님의 말씀이 우리에게 이루어져야 하는지 성경의 언약을 고찰하면서 하나님의 뜻을 알고 성령의 열매를 맺는 그리스도의 일꾼 된 천국 백성으로 살아가야 하겠습니다.
성경의 핵심 줄기를 알면 성경의 가지를 갖고 자의적으로 성경을 해석하는 이단과 미혹된 신학을 알아낼 수 있습니다. 이단으로부터 미혹당하지 않고 참된 신앙인으로 성장할 수 있는 방법을 신학은 제시하지 못하고 있습니다. 참으로 안타까운 현실이기에 성경을 제대로 알고 배우자는 의도로 성경의 줄기를 기술하였습니다.

이를 토대로 각 권과 장, 절의 말씀은 교회에서 행하는 여러 가지 큐티와 제자 훈련 등 가르치는 말씀에 충실히 다가서고 배우시길 바랍니다.

하나님!

우리 주 예수 그리스도를 생각합니다.

십자가!

누가 고난을 자처할 수 있습니까?

그것도 처참한 죽음 앞에서 순종할 수 있습니까?

그것이 나를 위한 죽음입니다.

나의 죄를 씻어 주기 위한 하나님의 고난입니다.

그래서 하나님은 너희가 순종하라고 말씀합니다.

하나님은 "나만을 사랑하라"라고 말씀하실 수 있습니다.

하나님 앞에서 기도는 "오직 하나님만을 사랑하겠습니다"라는 고백이어야 합니다.

그렇게 결단해야 합니다.

예수 그리스도의 마음으로 내 마음을 변화시켜 주십시오.

그런 기도의 응답을 원하는 기도를 해야 합니다.

분명 성령 하나님의 응답이 올 것입니다.

천국은 예수 그리스도의 마음으로 변화된 사람들의 잔치입니다.

태초부터 영원까지 함께하시는 하나님께 영광의 감사를 올립니다.

성경 바로보기

1부

하나님의 관점으로 적으신 성경의 핵심

구원을 이루는 하나님의 언약

구원을 이루는 하나님의 언약 / 하나님의 성전이 되는 교회로 거듭나기

하나님은 성경을 통해 죄로 인해 하나님과 멀어진 사람의 마음에 믿음을 통한 마음의 할례로 그리스도의 법을 성취하여 구원하기 위한 언약의 말씀을 기록하셨습니다. 그 말씀은 우리를 예수 그리스도의 생명으로 낳아서 구원을 이루는 영생을 주기 위한 것입니다.

성경의 전체 줄기를 하나님의 언약과 그에 따른 시대 및 시기별로 말씀을 구분하면서 믿음의 신앙과 율법의 신앙을 확인해야 합니다.

1. 시초 언약 / 아담 언약
2. 영원한 언약
3. 두 번째 언약과 새 언약
4. 새 언약의 중보자 예수 그리스도 — 마음의 할례
5. 그리스도의 법 / 성령을 받으라 — 성령의 열매
6. 쉬지 않는 기도로 경건의 훈련 지속하기 / 그리스도의 일꾼이 되기

"하나님은 사랑이십니다."

우리가 하나님을 정의하는 말입니다. 그런데 사람에게는 하나님께서 심어 주신 사랑이 없습니다. 하나님을 사랑하는 마음을 사탄에게 빼앗

졌기 때문입니다.이에 대해 하나님이 사람을 구원해 주기 위한 계획을 언약으로 성경을 통해 말씀합니다. 하나님이 아담에게 한 성경의 언약을 시작으로 이에 대해 알아보겠습니다.

아담이 하나님의 말씀에 순종하지 않고 사탄의 미혹된 말을 믿고 선악과를 먹었습니다. 그러나 하나님은 사탄을 심판하고 인류를 구원해 주기 위하여 여자의 후손을 약속합니다. 죄는 하나님의 말씀을 믿지 않고 세상 왕 노릇 하는 사탄의 말을 듣고 살아가는 것입니다. 세상에 퍼진 인류는 죄악에 물들어 하나님은 노아와 그의 가족을 제외하고 홍수로 심판하였습니다.

그러나 하나님은 아담에게 한 언약을 기억하시고 아브라함을 부르십니다. 아브라함으로부터 하나님에 대한 믿음을 만들어 가고 싶으셨습니다.

그래서 하나님은 아브라함의 믿음을 의로 여겨 주셨습니다. 모세에게 주신 율법은 십계명의 규례와 율례에 대하여 사람의 의지로 순종하는 것입니다.

하나님은 비록 아담이 하나님의 말씀에 순종하지 않았더라도 다시 한 번 사람의 순종을 보고 싶어 하셨습니다. 그래서 모세를 통해 십계명의 율법을 주고 다윗에게 통일된 이스라엘을 다스리게 하였습니다. 하나님의 기적과 이적이 가득한 이스라엘 민족과의 동행이었습니다.

그러나 그들은 보이지 않는 하나님을 사랑하지 않았습니다. 아니 신뢰하지 않았습니다. 하나님은 이렇게 부패된 후대의 사람들에게 하나님의 살아 계심을 보여 주셔야 했습니다.

그래서 모세에게 두 번째 언약을 선포하게 하셨고, 예레미야에게 새 언약을 선포하게 하셨습니다. 사람에게는 보이지 않는 하나님에 대한 믿음이 없었습니다. 결국 이스라엘은 바벨론에게 멸망합니다.

이것은 사람에게는 죄의 본성으로 인하여 하나님을 사랑할 수 있는 마음이 없다는 것입니다. 하나님이 명령하는 율법만으로는 사람들에게 넣어 주는 사탄의 생각을 이겨 낼 수 없다는 것입니다. 결국 하나님은 자신이 죽고 우리가 사는 길을 선택해 주시는 것입니다.

자신이 죽으시고 성령을 보내어 사람의 마음과 생각에 그리스도의 법으로 함께 살아가게 하는 것입니다. 그리스도의 성령이 마음에 임하여 하나님께 대한 사랑을 회복해야 하는 것입니다.성경의 모든 말씀은 간절하게 이 믿음을 간구하라는 것입니다. 그러면 진리의 성령으로 보내주시어 임마누엘의 삶을 살게 된다는 것입니다.

예수 그리스도에 대한 간절함 없이는 성령이 주시는 믿음을 가질 수가 없습니다.

기도는 예수 그리스도의 성령으로 인하여 사탄이 주는 물질과 성공과 성취라는 욕망의 죄와 싸워야 하는 것입니다. 그런데 여기서도 사람의 죄악 된 본성과 사탄의 미혹이 교회를 삼키고 있습니다.

예배당 건물이 성전이 되고, 교회만 나가면 구원을 받기에 세상의 죄를 이길 생각도 사탄의 미혹도 모르고 있습니다. 이미 성령이 와 계시기에 하나님을 바라는 간절한 기도를 하지 않아도 되는 공짜 구원을 많은 목회자들이 선포하고 있습니다. 하나님이 기도에 응답해 주길 바라는 비법만이 넘치고 있습니다.

그러나 예수 그리스도의 마음이 심기지 않은 구원은 하나님의 구원계획에 없음을 알아야 합니다. 우리는 하나님이 사랑과 은혜와 선물로 주시겠다는 하나님의 언약을 붙잡고 기도해야 하는 것입니다.

그런 기도와 말씀의 사람으로 성장해 갈 때 진리의 성령을 보내 주십니다. 그리스도의 일꾼으로서 예수 그리스도의 성령과 함께하는 성전이 되고 교회가 되는 삶을 살아가게 되는 것입니다. 그러한 삶이 천국이 되고 하나님의 사람이 되는 삶입니다.

이제부터 언약을 중심으로 이해를 돕는 설명의 말씀을 드리겠습니다.

구원을 이루는 언약의 계획

1	"여자의 후손이 네 머리를 상하게 하겠다" 라고 언약하심	시초 언약, 아담 언약
2	아브라함을 믿음의 조상으로 부르심	영원한 언약
3	아브라함과 이삭과 야곱에게 하신 언약을 모세에게 두 번째 언약의 말씀으로, 예레미야에게 새 언약의 말씀으로 선포하시다	두 번째 언약, 새 언약
4	예수 그리스도를 피 뿌림의 산제사를 지내는 새 언약의 중보자로 보내시다	마음의 할례
5	그리스도의 법이 마음에 심긴 하나님의 성전이 되라 / 성령을 받으라	성령의 열매
6	쉬지 않는 기도로 경건의 훈련 지속하기 / 교회 된 자로서 그리스도의 일꾼이 되기	그리스도의 일꾼

하나님이 마음의 할례로 예수님의 마음을 주시어 예수 이름으로 살아가며, 그리스도의 일꾼으로 새 언약의 일꾼으로 거듭나기 위한 성경의 언약을 이해하기 위해 시기와 시대를 여섯 가지의 단계로 구분하여 서술하겠습니다.

그리스도의 법, 성령의 법, 새 언약의 성취를 위한 단계별 말씀 과정

1단계. "여자의 후손이 네 머리를 상하게 하겠다" / 시초 언약, 아담 언약

> 내가 너로 여자와 원수가 되게하고 너의 후손도 여자의 후손과 원수가 되게 하리니 여자의 후손은 네 머리를 상하게 할 것이요 너는 그의 발꿈치를 상하게 할 것이니라(창3:15)

> 여호와 하나님이 아담과 그 아내를 위하여 가죽옷을 지어 입히시니라(창3:21)

> 큰 용이 내어 쫓기니 옛 뱀 곧 마귀라고도 하고 사탄이라고도 하는 온 천하를 꾀는 자라 땅으로 내어 쫓기니 그의 사자들도 저와 함께 내어 쫓기니라(계12:9)

하나님은 아담에게 여자의 후손으로 하여금 사탄을 멸하겠다고 언약합니다. 아담을 미혹한 것은 옛 뱀 곧 마귀입니다. 이를 이루기 위하여, 그리스도를 더 좋은 언약의 중보자로 세우시겠다는 아담과의 언약입니다. 하나님의 언약은 인류의 처음부터 그리스도가 오시는 그날까지의 언약입니다.

그래서 이 언약을 시초 언약, 아담 언약이라고 합니다.

그 언약의 계보를 이어 가기 위해서 하나님은 노아를 홍수에서 다시 시작하는 인류의 조상으로 만드십니다. 그리고 하나님의 뜻으로 갈대아 우르에 있던 아브라함을 불러 믿음의 조상으로 세우십니다. 하나님이 말씀하신 '여자의 후손'을 통하여 하나님의 언약의 계보를 이루어 가는 것입니다.

2단계. 갈대아 우르의 아브라함을 믿음의 조상으로 부르시다 / 영원한 언약

> 여호와께서 아브람에게 이르시되 너는 너의 본토 친척 아비 집을 떠나 내가 네게 지시할 땅으로 가라(창12:1)

> 내가 너로 큰 민족을 이루고 네게 복을 주어 네 이름을 창대케 하리니 너는 복의 근원이 될지라(창12:2)

> 내가 내 언약을 나와 너와 네 대대 후손의 사이에 세워서 영원한 언약을 삼고 너와 네 후손의 하나님이 되리라(창17:7)

> 하나님이 가라사대 아니라 네 아내 사라가 정녕 네게 아들을 낳으리니 너는 그 이름을 이삭이라 하라 내가 그와 내 언약을 세우리니 그의 후손에게 영원한 언약이 되리라(창17:19)

아브라함을 믿음의 조상으로 세우기 위해 부르시고 그 믿음을 확인하신 후 이삭과 야곱을 통해 하나님에 대한 믿음을 만들어 가십니다. 그래서 여호와 하나님을 네 조상의 하나님, 아브라함과 이삭과 야곱의 하나님이라고 거듭 말씀합니다.

이것은 그들이 믿음이 좋아서 하나님을 섬긴 것이 아니라 하나님이 믿음을 세워 주신 것을 보라는 것입니다. 하나님은 그때나 지금이나 하나님이 믿음을 만들어 가고 있습니다. 그러기 위해 하나님은 예수 그리스도를 육신으로 보내는 두 번째 언약의 계획을 구약에 모세와 여러 선지자를 통하여 말씀하고 계시는 것입니다.

이것은 지금도 하나님이 보이지 않아서, 내 소망을 들어주지 않아서, 내 기도에 응답하지 않아서 불평하고 불만하는 우리들에게 영원한 하나님이 말씀하시는 영원한 언약을 보고 믿음의 사람으로 예수 그리스도를 사랑하는 신앙을 가지라고 말씀하시는 것입니다.

3단계. 아브라함과 이삭과 야곱에게 하신 언약을 모세에게 두 번째 언약의 말씀으로, 예레미야에게 새 언약의 말씀으로 선포하시다

호렙에서 이스라엘 자손과 세우신 언약 외에 여호와께서 모세에게 명하사 모압 땅에서 또 그들과 세우신 언약의 말씀이 이러하니라(신29:1) 여호와께서 네게 말씀하신 대로 또 네 조상 아브라함과 이삭과 야곱에게 맹세하신 대로 오늘 너를 세워 자기 백성을 삼으시고 그는 친히 네 하나님이 되시려 함이니라(신29:13)

네 하나님 여호와께서 네 마음과 네 자손의 마음에 할례를 베푸사 너로 마음을 다하며 성품을 다하여 네 하나님 여호와를 사랑하게 하사 너로 생명을 얻게 하실 것이며(신30:6)

너는 돌아와 다시 여호와의 말씀을 순종하고 내가 오늘날 네게 명한 그 모든 명령을 행할 것이라(신30:8)

나 여호와가 말하노라 보라 날이 이르리니 내가 이스라엘 집과 유다 집에 새 언약을 세우리라(렘31:31)

나 여호와가 말하노라 이 언약은 내가 그들의 열조의 손을 잡고 애굽 땅에서 인도하여 내던 날에 세운것과 같지 아니할 것은 내가 그들의 남편이 되었어도 그들이 내 언약을 파하였음이니라(렘31:32)

나 여호와가 말하노라 그러나 그 날 후에 내가 이스라엘 집에 세울 언약은 이러하니 곧 내가 나의 법을 그들의 속에 두며 그 마음에 기록하여 나는 그들의 하나님이 되고 그들은 내 백성이 될 것이라(렘31:33)

하나님이 모세를 통하여 주신 언약은 두 가지입니다.

첫 번째는 시내산(호렙)에서 주신 모세 율법으로 부르는 십계명의 율법입니다. 모세 율법은 모세를 통하여 말씀하신 것이고 율법은 사람의 의지와 결심으로 지키는 것입니다.

그래서 십계명을 첫 번째 언약이라고 말합니다. 첫 번째 언약은 이스라엘 백성과 세우신 언약입니다.

두 번째는 아브라함과 이삭과 야곱과 세운 영원한 언약을 이루시겠다는 말씀입니다. 하나님이 아브라함과 이삭과 야곱과 세운 언약을 기억하시면서 모압 땅에서 하신 언약을 두 번째 언약이라고 하는 것입니다.

하나님은 두 번째 언약을 이루시기 위하여 예레미야에게 새 언약으로 다시 말씀하셨습니다.

두 번째 언약은 아브라함과 이삭과 야곱에게 세우신 언약을 기억하시고 모세에게 모압 땅에서 마음에 할례를 주는 언약을 선포하라고 하신 말씀입니다.

이 두 번째 언약을 바탕으로 이스라엘과 유다 집에 새로 세우신 언약을 새 언약이라고 말씀하셨습니다. 새 언약은 그리스도의 법을 나의 마음과 생각 속에 넣어 주는 것입니다. 나의 마음에 두고 생각에 기록하시겠다는 말씀인 것입니다.

마음의 할례로 그리스도의 법이 생각에 기록되어야 하기에 하나님의 아들이신 예수 그리스도가 십자가에서 스스로 하나님의 뜻에 순종하며 그 고난을 받게 되시는 것입니다.

4단계. 예수 그리스도를 피 뿌림의 산제사를 지내는 중보자로 보내시다

예수께서 대답하여 가라사대 너희가 이 성전을 헐라 내가 사흘 동안에 일으키리라(요2:19)

아무든지 나를 따라 오려거든 자기를 부인하고 날마다 제 십자가를 지고 나를 좇을 것이니라(눅9:23)

누구든지 제 목숨을 구원코자 하면 잃을 것이요 누구든지 나를 위하여 제 목숨을 잃으면 구원하리라(눅9:24)

예수께서 가라사대 내가 곧 생명의 떡이니 내게 오는 자는 결코 주리지 아니할 터이요 나를 믿는 자는 영원히 목마르지 아니하리라(요6:35)

새 언약의 중보이신 예수와 및 아벨의 피보다 더 낫게 말하는 뿌린 피니라(히12:24)

예수께서 신 포도주를 받으신 후 가라사대 다 이루었다 하시고 머리를 숙이시고 영혼이 돌아가시니라(요19:30)

십자가로 이 둘을 한 몸으로 하나님과 화목하게 하려 하심이라 원수 된것을 십자가로 소멸하시고(엡2:16)

그 안에서 너희가 손으로 하지 아니한 할례를 받았으니 곧 육적 몸을 벗는 것이요 그리스도의 할례니라(골2:11)

내가 하늘로서 내려온 것은 내 뜻을 행하려 함이 아니요 나를 보내신 이의 뜻을 행하려 함이니라(요6:38-39)

이를 인하여 그는 새 언약의 중보니 이는 첫 언약 때에 범한 죄를 속하려고 죽으사 부르심을 입은 자로 하여금 영원한 기업의 약속을 얻게 하려 하심이니라(히9:15)

하나님이여 보시옵소서 두루마리 책에 나를 가리켜 기록한 것과 같이 하나님의 뜻을 행하려 왔나이다 하시니라(히10:7)

(로마서3장)
23. 모든 사람이 죄를 범하였으매 하나님의 영광에 이르지 못하더니
24. 그리스도 예수 안에 있는 구속으로 말미암아 하나님의 은혜로 값 없이 의롭다 하심을 얻은 자 되었느니라
25. 이 예수를 하나님이 그의 피로 인하여 믿음으로 말미암는 화목 제물로 세우셨으니 이는 하나님께서 길이 참으시는 중에 전에 지은 죄를 간과하심으로 자기의 의로우심을 나타내려 하심이니

새 언약은 예수 십자가의 보혈로 세우신 것으로 성령이 마음에 할례를 주시는 것입니다. 새 언약은 두 번째 언약을 믿고 마음에 할례를 받아 그리스도의 일꾼으로 하나님의 계명을 지키며 살아가겠다는 믿음의 기도가 있어야 합니다. 그 믿음을 하나님이 의로 여겨 주실 때 성령이 나의 마음과 생각에 그리스도의 법을 새겨 주고 거듭나게 해 주실 것입니다. 그리스도의 법을 마음에 두고 생각에 기록하여 생명의 성령의 법으로 하나님의 계명을 지키게 하여 주실 것입니다.

하나님은 이스라엘 백성에게 하나님이 말씀하시는 언약의 증표로 포피를 자르게 하셨습니다. 그것은 하나님과 이스라엘 백성이 율법 조문으로 언약 관계에 있다는 육신의 할례였습니다.

이제는 심령 가운데 변화가 생기는 마음의 할례가 있어야 합니다. 예

수님이 십자가에서 죄의 구속을 위해 흘리신 피가 나의 죄 때문이라는 마음의 가죽을 베는 할례가 있어야 합니다. 그 십자가가 나의 십자가가 되어야 합니다. 그것은 회개와 심령의 변화로 거듭나게 하는 마음의 할례입니다.

마음의 할례를 받아들이는 것은 기도와 말씀을 통한 간구가 있어야 합니다.

하나님이 죄를 기억하시지 않겠다고 하신 것은 마음의 할례로서 언약의 증표를 예수 이름으로 새겼기 때문입니다. 사탄의 미혹을 예수 피로 쫓아내고 이기는 예수 보혈이 마음에 새겨졌기 때문입니다. 사탄에게 빼앗겨 내 중심으로 죄악 속에서 살았던 마음이 하나님을 가장 사랑하는 마음으로 거듭나는 것입니다.

하나님과 언약의 증표인 마음의 할례가 생기지 않았다면 하나님이 원하시는 계명을 지키기 위한 죄와의 싸움을 시작할 수 없습니다. 그래서 하나님은 너희의 마음 가죽을 베라고 하신 것입니다.

하나님이 주시는 새 언약의 일꾼 된 이들은 마음 가죽을 베고 마음에 생긴 할례가 하나님과의 증표입니다. 그렇게 예수 그리스도의 보혈로 세우는 새 언약은 그리스도의 법인 생명의 성령의 법입니다. 그리스도의 법을 마음에 가진 이들은 새 언약의 일꾼으로 그리스도의 일꾼으로 살아갑니다.

5단계. 그리스도의 법이 마음에 심긴 하나님의 성전이 되라 / 성령을 받으라

이 말씀을 하시고 저희를 향하사 숨을 내쉬며 가라사대 성령을 받으라(요 20:22)

너희가 짐을 서로 지라 그리하여 그리스도의 법을 성취하라(갈6:2)

그러므로 이제 그리스도 예수 안에 있는 자에게는 결코 정죄함이 없나니 이는 그리스도 예수 안에 있는 생명의 성령의 법이 죄와 사망의 법에서 너를 해방하였음이라
율법이 육신으로 말미암아 연약하여 할 수 없는 그것을 하나님은 하시나니 곧 죄를 인하여 자기 아들을 죄 있는 육신의 모양으로 보내어 육신에 죄를 정하사 육신을 좇지 않고 그 영을 좇아 행하는 우리에게 율법의 요구를 이루어지게 하려 하심이니라(롬8:1-4)

너희는 우리로 말미암아 나타난 그리스도의 편지니 이는 먹으로 쓴 것이 아니요 오직 살아 계신 하나님의 영으로 한 것이며 또 돌비에 쓴 것이 아니요 오직 육의 심비에 한 것이라(고후3:3)

할례는 마음에 할지니 신령에 있고 의문에 있지 아니한 것이라 그 칭찬이 사람에게서가 아니요 다만 하나님에게서니라(롬2:29)

예수께서 대답하여 가라사대 진실로 진실로 네게 이르노니 사람이 거듭나지 아니하면 하나님 나라를 볼 수 없느니라(요3:3)

예수께서 대답하시되 진실로 진실로 네게 이르노니 사람이 물과 성령으로 나지 아니하면 하나님의 나라에 들어갈 수 없느니라(요3:5)

더불어 마음을 같이하여 전혀 기도에 힘쓰니라(행1:14)

저희가 사도의 가르침을 받아 서로 교제하며 떡을 떼며 기도하기를 전혀 힘쓰니라(행2:42)

너희가 하나님의 성전인 것과 하나님의 성령이 너희 안에 거하시는 것을 알지 못하느뇨
누구든지 하나님의 성전을 더럽히면 하나님이 그 사람을 멸하시리라 하나님의 성전은 거룩하니 너희도 그러하니라(고전3:16-17)

그 날에는 내가 아버지 안에 너희가 내 안에 내가 너희 안에 있는 것을 너희가 알리라(요14:20)

너희가 내 안에 거하고 내 말이 너희 안에 거하면 무엇이든지 원하는대로 구하라 그리하면 이루리라(요15:7)

너희가 과실을 많이 맺으면 내 아버지께서 영광을 받으실 것이요 너희가 내 제자가 되리라(요15:8)

하나님과 언약의 증표인 마음에 할례가 생겼다면 하나님이 주시는 진리의 성령을 받기 위해 전심으로 기도해야 합니다. 예수님은 성령을 받으라고 말씀하셨고 사도들과 제자들은 전심으로 오로지 기도하기에 힘썼다고 기록되어 있습니다.

예수 그리스도의 이름으로 주시는 성령은 진리의 성령입니다. 마음에 할례가 새겨진 이들은 예수 피로 귀신을 쫓아낼 수 있습니다. 마귀와 귀신과 병마를 예수 이름으로 쫓아냅니다. 하나님이 말씀하시는 죄를 알게 되고 예수 그리스도의 이름을 마음에 새기고 이 세상을 살아갑니다.

이 세상이 주는 성공과 권세에 유착되지 않고 하나님의 나라에 소망을 두게 될 것입니다. 그리하여 살아 있는 하나님의 거처로 성전이 되고 하나님의 교회가 된 자가 되어야 합니다.

그것이 예수 생명으로 살아가는 자의 소망일 것입니다.

6단계. 쉬지 않는 기도로 경건의 훈련 지속하기 / 교회 된 자로서 그리스도의 일꾼이 되기

성령이 밝히 말씀하시기를 후일에 어떤 사람들이 믿음에서 떠나 미혹케 하는 영과 귀신의 가르침을 좇으리라 하셨으니(딤전4:1)

내가 복음을 위하여 모든 것을 행함은 복음에 참예하고자 함이라

운동장에서 달음질하는 자들이 다 달아날지라도 오직 상 얻는 자는 하나인 줄을 너희가 알지 못하느냐 너희도 얻도록 이와 같이 달음질하라(고전9:23-24)

그의 안에서 건물마다 서로 연결하여 주 안에서 성전이 되어가고
너희도 성령 안에서 하나님이 거하실 처소가 되기 위하여 예수 안에서 함께 지어져 가느니라(엡2:21-22)

하나님의 말씀과 기도로 거룩하여짐이니라(딤전4:5)

망령되고 허탄한 신화를 버리고 경건에 이르기를 연습하라
육체의 연습은 약간의 유익이 있으나 경건은 범사에 유익하니 금생과 내생에 약속이 있느니라(딤전4:7-8)

너희는 사도들과 선지자들의 터 위에 세우심을 입은 자라 그리스도 예수께서 친히 모퉁이 돌이 되셨느니라(엡2:20)

사람이 마땅히 우리를 그리스도의 일군이요 하나님의 비밀을 맡은 자로 여길지어다(고전4:1)

저가 또 우리를 새 언약의 일꾼 되기에 만족케 하셨으니 의문으로 하지 아니하고 오직 영으로 함이니 의문은 죽이는 것이요 영은 살리는 것임이라(고후3:6)

하나님의 지으신 모든 것이 선하매 감사함으로 받으면 버릴 것이 없나니(딤전4:4)

항상 기뻐하라 쉬지말고 기도하라 범사에 감사하라 이는 그리스도 예수 안에서 너희를 향하신 하나님의 뜻이니라(살전5:16-18)

초기 기독교에서 그리스도인이 되는 것은 죽음을 이기는 불멸의 믿음이 있어야 했습니다

죽음을 넘나들었던 기독교가 지금은 기득권 세력이 되었고 죄와 싸워 이기는 영적 전쟁의 비중은 거의 없는 시대입니다.

그마저도 이미 받은 구원은 사라지지 않는다고 영적인 전쟁도 없다 보니 사탄은 무장 해제된 기독교를 유린하고 있는 것입니다.

우리가 하나님이 정하신 죄를 알고 성령 하나님이 우리 안에 내주 하시어 성전 삼아 주시고 죄와 싸워 이기며 교회로 만들어 주시는 없어지지 않는 구원을 이루어 내야 합니다.

인본적인 신학적 사고로 하나님의 말씀을 재단하는 무거운 죄를 범하지 말아야 합니다.

하나님의 나라에 소망을 두고 살아 있는 하나님의 거처로 성전이 되고 교회가 되어야 합니다. 하나님의 교회가 된 자로 살아가도 사탄은 세상의 물질과 번영으로 미혹을 계속할 것입니다.

하나님이 쉬지 말고 기도하며 하나님만을 사랑하라고 하신 이유입니다.

우리의 영적 생명은 매일 예수 그리스도를 부르며 십자가의 살과 피로 생명의 생수를 먹어야 합니다. 쉬지 않고 기도하는 기도의 훈련은 예수 생명으로 살아갈 수 있는 근원이 될 것입니다. 우리는 경주장에 나가는 선수의 마음가짐으로 매일 기도와 말씀으로 경견의 훈련을 해야 합니다. 죄악으로 가득 찬 나를 위해 십자가를 선택하신 예수 그리스도의 생명으로 자기를 부인하고 자기 십자가를 매일 지는 그리스도의 일꾼이 되어야 합니다.

하나님의 말씀이 우리 마음에 심겨 생명이 되어야 합니다. 말씀을 듣고 어떤 것은 백 배, 어떤 것은 육십 배, 어떤 것은 삼십 배의 결실을 내는 사람이 되어야 합니다. 하나님이 주시는 생명의 기쁨이 기도와 말씀에서 매일 새롭게 나와 성령의 열매를 맺는 성령의 사람으로 하나님이 길러 주실 것입니다.

성경을 기록하게 하신 하나님의 목적

성경을 기록하게 하신 하나님의 목적은 무엇입니까? 성경을 쓰신 목적을 한 문장으로 정리하여 적어 보겠습니다.

"하나님은 부패한 마음이 된 사람을 예수의 피로 씻으셔서 거듭나게 하기로 결정하셨다."

이것이 하나님의 구원계획이며 성경의 기록 목적 입니다.

미혹된 말에 빠져 선악과를 먹은 아담과 하와가 하나님께 서로 상대방의 핑계를 대는 모습은?

가인이 아우 아벨을 죽이는 살인의 모습은?

인간의 타락이 극에 달해 하나님이 사람 지으심을 탄식하며 홍수로 사람을 쓸어버린 노아의 홍수는?

출애굽 이후에도 계속 불평과 불만을 하는 모습들은?

예수를 십자가에 달아야 한다며 죽음을 촉구하는 모습들은?

'부패한 마음'은 하나님 앞에서 바르지 않다는 것입니다. 하나님을 사랑하는 것도 이웃을 사랑하는 것도 자신의 이익 앞에서는 항상 후순위입니다.

성경은 하나님이 부패한 마음이 된 우리에게 예수의 마음을 주시기 위하여 자기를 죽이신 역사입니다. 이 세상보다 하늘나라에 소망을 둔 믿음의 자녀를 만들기 위해 어떻게 하셨는지 기록한 실제입니다.

성경의 줄기를 이루는 대주제는 하나님에 대한 마음을 잃어버린 아담으로부터 여자의 후손을 세워 구원해 주시겠다는 것입니다. 이렇게 기록된 하나님의 말씀을 믿는 자에게 그리스도의 법을 마음과 생각에 기록하여 예수의 이름을 갖고 예수의 마음으로 살게 해 주시겠다는 것입니다. 하나님의 음성이 들려오게 해 주시겠다는 것입니다. 항상 임마누엘의 삶을 살라는 것입니다. 예수 이름을 가진 자가 그리스도의 계명을 지키는 자고, 그런 삶을 사는 사람들이 구원받아 영생의 삶을 살게 되는 것입니다.

구원은 예수 이름으로 살아가는 사람들이 이 땅에서 예수님이 주시는 마음으로 평강을 누리면서 주님의 일을 하고 하늘나라의 처소로 가는 것입니다.

영적 전쟁은 예수 이름으로, 예수 마음으로 살지 못하게 하는 사탄의 미혹, 육체의 정욕, 안목의 정욕, 이생의 자랑으로 살라고 하는 사탄과 예수 그리스도가 주시는 그리스도의 법으로 살라는 영의 충돌이 영적 전쟁입니다. 그래서 영생은 예수 그리스도가 주시는 마음으로 예수 이름으로 이 삶을 승리한 자에게 하나님이 마련해 주신 천국의 거처로 옮겨 사는 것입니다.

그러면 어떻게 예수의 이름을 갖게 되어서 구원을 받아 영생의 삶을 살게 되는가? 그것은 하나님이 주시는 믿음으로 받는 것입니다. 그 믿음의 기록을 써 가신 것이 성경입니다.

그 성경의 줄기를 핵심으로 설명하며 들어가 보겠습니다.

하나님은 살아 계십니다.

하나님은 지금도 우리를 주시하시고 역사를 주관하고 계십니다.

성경은 하나님의 살아 계심을 증거합니다.

하나님은 구하는 자에게 인도하심과 내주하심을 기대하십니다.

성경은 전지전능하신 하나님이 인간에게 보내는 눈물과 아픔으로 자신을 죽이시는 사랑의 대서사시이며 영생을 향한 하나님의 고뇌의 선물입니다.

사람은 선하지 않습니다.

선한 이는 하나님 한 분뿐입니다.(막10:18, 눅18:19)

우리는 모두 부정한 자이어서 의롭다고 행한 것까지도 더러운 옷과 같습니다.

우리는 모두 시든 나뭇잎같이 심판의 폭풍이 우리를 휘몰아 갑니다.(사64:6)

우리가 선하지 않다는 것은 스스로는 선해질 수가 없다는 것입니다. 우리의 삶은 죄악이 바람같이 몰아가는 삶이라는 것입니다. 죄가 우리의 삶을 둘러싸고 있다고 하나님은 말씀합니다. 이것에 동의하고 성경을 알아야 하나님의 관점에서 볼 수 있습니다.

하나님이 내 안에 내주하실 때, 비로소 우리는 하나님이 주시는 마음으로 선한 삶을 살아갈 수 있습니다.

성경은 하나님이 우리에게 들어와 주시기 위한 대서사시이고 역사이며, 살아 계신 하나님의 진리로 오늘을 살아 내게 하시고 구원해 주시는 인도자입니다.

모세 율법과 그리스도의 법

여기서 우리는 성경에서 말씀하시는 두 번째 언약, 새 언약인 그리스도의 법을 이해하기 위하여, 모세 율법과 그리스도의 법을 구분해야 합니다.

말씀이 머리에 있으면 지식입니다.

문자로 된 법조문을 머리에 두고 지키는 것이 율법입니다.

율법은 문자로 된 명령을 머리에 든 의식과 지식으로 지키는 것입니다.

내가 지키는 것입니다. 사람들이 지켜야 하는 규범이고 계명이고 율례입니다.

모든 종교는 율법을 말하고 그 율법을 지키라고 합니다. 모든 나라의 법과 사회 규범도 법으로 정하고 지키라고 요구합니다.

하나님이 모세에게 주신 십계명은 하나님이 말씀하시고 너희가 지키라는 것입니다. 사람들이 이해할 수 있고 사람들을 다스리는 가장 적합한 방법인 것입니다.

그것이 모세 율법, 십계명, 첫 언약입니다.

말씀이 마음에 있으면 생명입니다.

그리스도의 성령이 우리 안에 들어오시어 지키게 해 주는 것입니다. 그리스도의 말씀이 생명이 되어 주님의 말씀을 듣고 지키는 것이 그리스도인입니다.

하나님이 말씀하시는 그리스도의 법인 언약은, 내가 너희 안에 들어가서 율법을 지키게 해 주시겠다는 것입니다. 내가 지키는 것이 아니라 하나님이 지키게 해 주신다는 것입니다. 말씀을 마음에 새겨 주시어 하나님의 생명으로 살아가게 해 주신다는 것입니다.

하나님의 말씀이 내 마음에 들어와 생명의 말씀이 되어 거듭남에 이르러야 합니다. 예수 그리스도가 말씀하시는 새 계명이 마음에서 들려와야 합니다.

그래서 그리스도를 교회의 머리라고 말씀하시고,

“너희가 내 안에 내가 너희 안에”라고 말씀하시는 것입니다.

이러한 언약을 성경에서는 영원한 언약, 두 번째 언약, 새 언약, 마음의 할례, 성령의 법, 그리스도의 법이라는 단어를 사용하고 있습니다.

성경을 창세기, 구약, 신약으로 보기

성경을 바로 이해하려면 창세기, 구약, 신약으로 구분해서 봐야 합니다.

창세기는 믿음의 조상 아브라함을 세우시고, 그 계보를 통하여 구원의 그리스도를 보내 주신다는 것입니다.

구약은 하나님이 먼저 모세에게 십계명의 율법과 규례를 주어 이스라엘 민족이 율법으로 하나님을 섬기고 사랑할 수 있는가를 이스라엘 역사를 통하여 보여 주고 있습니다.

하나님은 이스라엘 민족에게, 너희가 주 하나님의 말씀을 잘 듣고, 이 율법 책에 기록된 명령과 규례를 지키며 마음을 다하고 정성을 다해, 주 너희의 하나님께로 돌아오면, 복을 받게 될 것이라고 말씀하셨습니다.

그러나 이스라엘 왕조는 사울, 다윗, 솔로몬이 각각 40년씩 통치함으로써 겨우 120년간 통일 왕국을 유지하고, 열두 지파의 이스라엘은 솔로몬의 아들인 르호보암 때에 북쪽 이스라엘과 남쪽 유다로 양분되었습니다.

북이스라엘은 여로보암을 포함해 19명의 왕이 다스리다가 B.C. 721년에 앗수르에 의해 멸망했고, 남유다는 르호보암을 시작으로 20명의 왕이 통치하다가 B.C. 586년에 바벨론에게 멸망하였습니다.

하나님이 수많은 선지자를 보냈으나 율법으로는 하나님의 계명을 준수하지 못하였습니다. 율법은 죄를 깨닫게 하는 몽학 선생임을 사람들이 알게 하시려는 역사입니다. 율법으로는 우리를 구원에 이르게 할 수 없다는 것을 기록한 살아 있는 이스라엘의 역사입니다.

모세의 율법인 십계명을 우리는 모세 율법, 첫 언약이라고 부릅니다. 사람들이 자신의 의지와 결심으로 하나님을 섬기고 사랑하며 하나님의 규례와 율례를 지키지 못한다는 것을 사람들이 깨닫게 하시는 것입니다.

사람은 죄성이 있는 존재이므로 하나님이 그 안에 거하시어 변화시킬 수가 없습니다. 죄가 있는 육신의 마음에는 하나님이 임재하실 수 없으므로 성령의 가르침을 받을 수 없습니다.

그래서 구약의 율법은 하나님이 택하신 선지자들에게, 하나님의 명령에 순종하면 복을 주겠다고, 이스라엘 민족에게 말씀하시면서 명령의 준행을 요구하신 것입니다.

사람의 죄성은 선함을 지키려는 마음보다 우위에 있습니다. 육신의 생명 유지는 먹을 양식으로 합니다. 배고픔을 참을 수 있는 사람은 없습니다. 선한 마음의 동기가 결국 자기를 우쭐하게 만들고 교만을 키워 자기의 의를 내세우게 됩니다. 육신의 소망은 하나님이 자기의 것을 자기 마음먹은 대로 성취하여 주는 우상으로 만들게 합니다.

그래서 결국 이스라엘 민족은 다른 신을 섬기고 형식적인 종교 속에서 자기 마음대로 살아가고 말았습니다. 이스라엘은 그 역사를 통해 보여 주며 교훈을 주고 있습니다.

영의 생명은 살아서 마음을 움직이는 말씀입니다. 하나님은 모세 및 선지자를 통하여 두 번째 언약을 약속합니다.

그 두 번째 언약은 결국 하나님이 하나님의 지혜로 죄를 보지 않고 사람의 마음에 들어와 하나님의 법을 마음에 두고 생각에 각인시켜 하나님임을 알게 해 주신다는 것입니다. 그러려면 하나님이 스스로 피의 제사가 되셔야 했습니다.

여기서 우리는 하나님의 깊은 고뇌와 고민과 갈등과 아픔을 보아야 합니다. 전지전능하신 하나님도 결국 당신이 지으신 피조물인 사람으로 인해 고뇌하셨습니다.

그래서 구약에 모든 말씀은 당근과 채찍입니다.

잘 좀 해 보자, 잘 좀 해 보자. 하나님의 말씀이 들려야 합니다. 그래서 다윗을 그 신앙의 예로 들어 사용하신 것입니다.

너희들로도 할 수 있다. 다윗처럼만 해 다오.

무엇이든 하나님께 물어보고, 하나님을 가장 사랑하고, 하나님께 고난이 마음을 글로 올려 드리며 기다리는 다윗을 보라는 것입니다. 그러나 사람은 결국 자기 멋대로 생각합니다.

결국 이스라엘은 하나님의 징계를 받고, 하나님은 그 오랜 시간의 고뇌에 찬 결단을 실행하십니다.

그리하여 이제 하나님은 사람이 명령을 준행하는 것이 불가능하다는 것과, 죄의 사슬이 너무 깊다는 것을 우리에게 알려 주시는 것입니다. 그것은 오직 완전하신 분은 하나님 한 분이기 때문에 스스로 인간의 몸으로 오셔서 죄로 인한 피의 제사를 드리는 것입니다.

하나님의 뜻을 따라 하나님의 뜻에 순종하기 위해, 두 번째 언약을 실행하고 우리의 마음에 할례를 주어 새 언약의 거듭난 일꾼으로, 우리를 하나님의 나라 백성으로 정하시기 위해 그리스도가 오시는 것입니다.

그래서 구약인 율법의 시대는 가고, 신약인 성령의 시대가 오는 것입니다.

신약은 하나님 아버지의 뜻에 따라 아브라함의 계보로 오시는 예수 그리스도인 하나님 자신이 육신의 몸으로 오셔서 십자가를 통하여 죽으시고 우리 안의 죄를 보지 않으시며 마음에 할례를 행하여 주시고 부활하시어, 예수 그리스도의 이름으로 보내는 진리의 성령을 우리 마음에 두시겠다는 것입니다. 진리의 성령으로 내 안에 거하시며 우리를 성전 삼으시겠다는 것입니다. 우리를 하나님의 성령이 있는 교회로 삼으시겠다는 것입니다.

결국 역사는 하나님이 주관하신다는 것을 보여 주고 증명하며 알게 하시기 위해, 그리스도의 계보도 정해 주시고, 아브라함을 세워 믿음의 조상으로 만드시는 것입니다. 그것은 우리들이 믿음을 가질 때에, 누구라도 그 가정에서 믿음의 조상이 되게 하려는 것입니다.

하나님 아버지는 예수 그리스도 이름으로 우리에게 성령을 보내 주시기 위해 긴 역사의 기록으로,

사람의 죄성, 율법을 지킬 수 없는 인간의 결심, 선함보다는 자기를 사랑하는 인간의 한계를 말씀하시면서, 결국 하나님이 아니면 사람의 마음을 하나님께 집중할 수 없다는 것을 알게 한 것입니다.

하나님께 마음을 집중한 사람은 언제나 기도하며 죄와 싸워 이깁니다. 하나님과 동행합니다. 하나님을 사랑합니다.

예수 그리스도의 빛을 비추는 삶을 살아갑니다.

우리는 하나님이 살아 계시다는 사실을 성경을 통해 알아야 합니다. 하나님 아버지는 천지를 창조하시고 노아의 홍수로 세상을 심판하시며, 다시 사람에게 하나님의 마음을 주시기 위해 아브라함을 믿음의 조상으로 세우시고, 이스라엘 민족을 통해 율법은 사람이 지킬 수 없는 죄와 사망의 법이라는 것을 알게 하신 것입니다.

예수 그리스도로 인해 우리의 죄를 보지 않으시고, 그리스도로 인해 마음에 할례를 받게 하시며, 그 마음에 하나님의 성령이 임하시어 우리의 생각과 마음에 그리스도의 법을 세워 주십니다.

또 우리를 하나님의 성전으로 삼으시어 하나님의 음성을 듣게 하시고 하나님의 자녀로 이 세상에 소금이 되게 하시며, 그리스도의 빛을 비추다가 하나님이 마련하신 천국 거처로 영생을 누리게 하십니다.

하나님의 역사하심을 알리기 위해, 변하지 않는 사람의 죄성을 알게 하시고, 무려 이천여 년이라는 세월과 역사 속에서 수많은 선지자를 통해 이 사실들을 기록하게 하셨습니다.

우리가 그런 하나님을 믿지만 이 시대나 전 시대에 우리는 수많은 잘못된 믿음을 보게 됩니다. 사람의 죄성을 움직이는 사탄이 이 땅에서 죄의 왕으로 군림하고 있기 때문입니다.

죄가 생각날 때는, 죄를 부추기는 세력과 권세가 있다는 것을 알아야 합니다. 그 죄의 권세를 이길 수 있는 길은 예수 그리스도의 이름으로 보내 주신 성령이 내 마음에 임해 생명이 되어야 합니다. 그 생명이 예수 그리스도의 피와 살이며 살아 계신 성령 하나님입니다.

믿음의 시작을 만드시는 하나님, 아브라함을 부르심

그 생명의 시작은 갈대아 우르에 살던 아브라함을 부르심으로부터 시작합니다. 믿음의 조상은 하나님이 세우신 평범한 한 사람, 바로 아브라함입니다.

너무 평범해서 하나님을 만나도 하나님의 뜻을 알지 못하는 우리 같았던 한 사람, 하나님은 순종하는 그를 통해 믿음을 세워 나가고, 그에게 말씀하시며 이루시는 하나님인 것을 알게 되고, 하나님과 동행하는 그를 믿음의 조상으로 세우셨습니다.

그리고 하나님은 이삭과 야곱을 하나님이 뜻하시는 바를 믿음으로 이루는 족보로 만들어 주십니다. 그 믿음의 법은 하나님이 우리의 마음에 그리스도를 보내 주시겠다는 것입니다.

그러나 하나님은 아담과 하와, 가인과 아벨, 바벨탑 사건과 노아의 홍수를 통해 자유 의지를 준 사람이 선함보다 악함에 친숙해짐으로써, 먼저 율법을 공표해 사람들이 얼마나 육체에 약한 것인가를 보여 줄 필요가 있었습니다.

그래서 하나님은 모세를 통해 십계명을 공표하고 율법을 잘 지키면 복을 주시겠다고 하신 것입니다. 그러나 이스라엘 민족은 율법을 잘 지키는 것에 실패하였습니다.

이스라엘에서 하나님께 합한 인물은 다윗 한 명뿐입니다. 이스라엘 민족은 천사들이 전해 준 율법을 받기만 하고 지키지는 않았습니다.

그것의 역사적인 기록이 구약입니다. 율법을 지키지 않은 건 이스라엘 사람뿐만 아니라 우리의 모습이기도 합니다. 우리는 율법적인 삶을 살아가는 사회적 존재입니다. 율법은 사망의 법입니다.

하나님은 그것을 이스라엘 민족을 통해 보여 주셨습니다. 스데반은 그들의 역사가 하나님을 섬기지 못했다는 것을 이스라엘 민족에게 설교하다 순교했습니다. 사람의 죄의 한계성은 사람이 풀어낼 수 없기에 하나님이 예수 그리스도를 보내셔서 구원을 해결해 주신 것입니다.

그러나 사람은 여전히 하나님이 구원을 해결해 주셨으니 우리는 은혜만 받으면 된다는 마음으로 율법의 신앙을 하고 있습니다. 사람이 갖고 있는 문제 해결의 시작은 예수 이름이 우리의 마음과 생각에 각인되어야 합니다.

예수 그리스도의 피 흘리심이 내 죄성의 문제를 해결해 주시기 위한 하나님 아버지의 아픔이고, 예수 그리스도의 고난임을 일인칭 관점에서 봐야 합니다.

나의 죄가 하나님으로부터 조명되고 마음의 할례가 행해져야 합니다. 나의 죄에 대한 조명 없이 마음의 할례는 오지 않습니다. 마음의 할례가 없는 신앙은 이 세상을 잘 살기 위한 방편의 믿음으로 전락합니다.

그렇다고 해서 예수 그리스도의 죽음과 부활이 헛된 것입니까? 결코 그럴 수 없습니다. 우리가 다시 하나님에 대해 눈을 떠야 합니다.

하나님은 그것을 기록으로 남기셨습니다. 그것이 성경입니다. 성경을 통해 하나님의 존재를 봐야 합니다. 성경을 통해 지금도 일하시는 하나님을 알아야 합니다. 성경을 통해 하나님이 우리를 보고 가슴 아파하시며 지켜 보고 계신다는 사실을 느껴야 합니다. 우리의 현생의 삶 위에 영생의 삶이 있다는 것을 영의 눈으로 봐야 합니다.

예수 그리스도가 마음을 통치해 주길 바라는 기도

신약에서 현재의 삶을 즐긴 사람은 아무도 없습니다. 모두 하나님이 보여 주시는 영의 세계를 소망하며 삶의 치열한 경주를 벌였습니다. 이 삶의 현장에서 사탄은 우리를 하나님의 나라에서 떼어 놓기 위하여 우는 사자와 같이 역사하고 있습니다.

예수 그리스도는 말씀하셨습니다.

"아버지가 일하시니 나도 일한다."

예수님은 아브라함과 이삭과 야곱에게 약속하신 믿음의 법을 우리에게 주시기 위하여 십자가를 마다하지 않으셨습니다. 사탄의 미혹을 이겨야 하는 삶의 현장은 우리가 숨 쉬는 지금 이 순간입니다.

예수의 피로 영원한 제사를 받으신 하나님은 우리의 죄를 간과하심으로 보지 않으십니다. 그러나 그것은 경건의 연습을 하고 믿음의 훈련을 하는 참된 제자의 영역입니다. 영의 나라를 보고 죄와 싸우며 자신의 자유 의지를 예수 그리스도의 영광을 위해 치열하게 살아 내는 사람들의 영광의 영역입니다. 우리 안에 오신 성령님은 예수 그리스도의 영이며 하나님 아버지가 보내 주시는 영입니다.

따라서 그 성령으로 인해 우리가 예수 그리스도의 마음을 알 수 있으며, 예수 그리스도의 마음으로 살아갈 수 있습니다.

하나님은 우리에게 이천 년이란 긴 시간을 성경을 통하여 말씀하셨습니다. 그러나 사람들은 하나님의 고난의 십자가를 같이 질 생각이 없이 단것만을 말합니다.

"하나님은 사랑이시다.

하나님은 우리에게 모든 것을 이루어 주신다.

하나님을 통하여 우리가 기도하면 모든 것을 응답받을 수 있다."

우리가 예수를 통하여 기도하면 응답 주시기 위해 하나님이 예수를 십자가에 보내셨습니까?

이스라엘의 예루살렘 성전이 그 역할을 다하지 못해 이 시대에 많은 교회를 성전으로 세우셔야 했을까요?

예수를 종교성으로 믿는 사람들은, 하나님 아버지가 예수 그리스도의 이름으로 보내 주시는 성령을 그들의 틀 안에서 합리화합니다.

사람들이 갖고 있는 기본적인 사고의 틀은 율법과 자기 합리화입니다. 육체로는 영의 세계를 깨달을 수 없습니다.

역사를 움직이는 것은 하나님이시고 영의 나라의 왕은 예수 그리스도임을 말씀하십니다. 세상 나라는 그들이 세운 나라와 왕이 있으나, 실제로는 사탄이 왕 노릇을 하고 있다고 말씀하십니다.

세상에 속한 사람들에게 영의 주관은 사탄에게 있습니다. 그들의 영은 육체의 죽음과 함께 영원한 사망에 이르게 됩니다.

살아서 사탄의 권세를 따른 자, 즉 세상이 주는 안목의 정욕, 육체의 정욕, 이생의 자랑으로 산 자는, 사탄의 주권하에 있는 자로서 하나님의 심판을 면할 길이 없습니다.

그 심판은 영생의 심판으로 돌이킬 수 없는 것입니다.

따라서 성경의 모든 말씀의 핵심은,

'너의 주권자는 예수 그리스도인가? 아닌가?'이며 성경은 그 답을 주십니다.

하나님은 이스라엘 민족의 역사인 구약을 통해 구원은 율법에 있지 않고, 진리의 성령이신 예수 그리스도를 마음에 심는 자에게 있다는 것을 말씀하십니다.

성령은 그냥 영접 기도나 주일 성수, 십일조, 교회 봉사를 통해 부어 주시지 않습니다.

나라를 위해 기도하고, 교회와 민족을 위해 기도한다고 부어 주시는 것이 아닙니다.

예수 그리스도가 우리의 죄를 사해 주시기 위해 십자가에서 죽으셨으니, 우리는 예수 그리스도의 이름으로 기도하면 하나님이 우리의 소망을 들어주시는 것이 아닙니다.

그래서 육신의 소망의 역사로 이스라엘 민족을 통해 성경의 기록으로 구약에 남기신 것입니다, 하나님의 기록으로 말씀하신 것입니다.

하나님의 소망은 우리에게 마음의 할례를 통하여 십자가에서 죽음을 택하신 하나님의 아픔과 고난이 우리의 삶의 고난보다 크시다는 것을 보여 주시는 선지적 지혜입니다.

핑계만 대고 그 순간을 모면하려는 인간의 죄성을 너무나 잘 아시는 하나님이,

먼저 사랑을 베푸시며, 예수 그리스도를 통해 구원의 문을 열어 놓으면서,

오로지 하나님께 기도하며 하나님의 은혜와 감사 속에서 하나님만을

사랑하라고 성경은 말씀하고 있습니다.

쉬지 말고 하나님을 부르는 기도

“이스라엘아 들으라 우리 하나님 여호와는 오직 유일한 여호와이시니

너는 마음을 다하고 뜻을 다하고 힘을 다하여 네 하나님 여호와를 사랑하라.

오늘 내가 네게 명하는 이 말씀을 너는 마음에 새기고

네 자녀에게 부지런히 가르치며 집에 앉았을 때에든지 길을 갈 때에든지 누워 있을 때에든지 일어날 때에든지 이 말씀을 강론할 것이며

너는 또 그것을 네 손목에 매어 기호를 삼으며 네 미간에 붙여 표로 삼고

또 네 집 문설주와 바깥 문에 기록할지니라."(신6:4-9)

데살로니가전서 5장의 쉬지 말고 기도하라는 말씀.

"항상 기뻐하라.

쉬지 말고 기도하라.

범사에 감사하라 이것이 그리스도 예수 안에서 너희를 향하신 하나님의 뜻이니라."(살전5:16-18)

이 말씀들은 우리를 향한 하나님의 간절함이 묻어나고 있습니다.

구약의 이스라엘 민족이 하나님의 거대한 이적을 보았음에도 불구하고 그들이 다시 하나님의 말씀에서 돌아서는 것은, 사람의 속성을 아시는 하나님이 수많은 선지자와 이스라엘의 왕 정사를 통해 구구절절이 말씀하시고 있습니다.

그러나 이미 죄성을 가진 사람들에게 율법은 지킬 수 없는 것이었습니다. 자기를 최우선시하는 사람이 하나님을 먼저 사랑한다는 것은 가능한 것이 아니었습니다. 하나님의 말씀을 붙잡고 믿음으로 살아가는 것은 현실을 살아가는 사람에게는 어려운 일입니다.

하나님이 아브라함과 다윗을 내세우는 것은 그들이 대표적인 믿음의 사람이기 때문입니다. 다윗도 하나님께 왕으로 기름 부음을 받고도 무려 십여 년이라는 세월을 사울의 칼날을 피해 다녔습니다. 일반적으로

상상할 수 없는 고난입니다. 솔로몬 이후 나라는 분열되고 왕들이 하나님을 떠나 결국 나라는 멸망합니다. 이스라엘의 통일 왕국은 겨우 백이십 년이었습니다.

하나님은 인간의 죄악과 미련한 영적 사고에 대해 이스라엘 민족을 모델로 기록하셨습니다. 이는 사람들이 얼마나 죄성으로 가득하며 불순종하는지를 보여주는 역사입니다.

노아 홍수 이후에도 사람들은 금방 하나님을 잊었습니다. 하나님은 아브라함을 부르시고, 믿음을 훈련시켜서 사람이 정하는 방식이 아닌, 하나님이 세우시는 방식으로 구원자를 보내 주시기로 결정하셨습니다. 역사의 기록을 통해 하나님이 존재하고 역사를 주관하신다는 것을 알려줄 필요가 있었던 것입니다.

율법적인 신앙은 하나님이 말씀하신 계명을 자신의 의지와 결심으로 지키는 것을 말합니다.

구약은 하나님이 명령하신 율법을 지키지 못한 사람들의 기록입니다. 이스라엘 민족이 지키지 못한 것이 아니라 사람으로는 계명을 지킬 수 없다는 것을 말씀하시는 기록입니다.

긍정적인 생각을 가져라.
마음먹은 대로 될 것이다.
의지가 중요하다.
꿈꾸는 대로 된다.

사람들의 전형적인 인본주의 사고방식입니다.

사람의 의지는 대단합니다. 지금의 번영과 문화는 그런 사람들이 만들어 냈습니다. 그래서 사회에서 성공하고 부유한 삶을 살 수 있었습니다. 어려운 환경과 아픔을 이겨 낼 수 있었습니다. 실패하고 다시 일어설 수 있었습니다. 모두 좋은 대학에 가기 위해, 좋은 직장을 잡기 위해 자기와 자기의 시간을 투자합니다.

그러나 하나님이 원하시는 선함과는 다른 것입니다. 이런 성공으로는 하나님이 원하시는 하나님을 사랑하라는 하나님의 명령을 준행할 수 없습니다.

세상 성공은 하나님을 떠나게 하는 조건이 됩니다.

우리의 시간을 조금만 돌아보면 어려웠던 그때가 행복했다고 말합니다.

모든 것을 가진 젊은 세대는 좌절합니다. 마음이 병들기 시작합니다. 물질은 번영을 약속하지만 마음을 병들게 합니다.

하나님은 하나님만을 사랑하면 세상 성공도 주십니다. 그러면 그 은혜로 오직 하나님께 영광을 돌려야 합니다. 남과 비교할 필요가 없습니다. 그러면 하나님이 하나님을 사랑하고 다른 사람을 사랑하게 하는 마음을 주십니다. 하늘나라에 갈 수 있는 그리스도의 마음이 심기는 것입니다. 예수 그리스도가 주시는 마음으로 생각이 변해야 하늘나라에 갈 수 있는 것입니다.

그래서 하나님은 쉬지 말고 기도하라는 명령을 하십니다. 생각을 하나님께 고정시키라는 것입니다.

이것이 하나님의 마음을 느낀 사람이 갖는 최고의 평안이고 안식입니다. 그래서 그리스도의 제자 된 이들이 세상에 두려움과 걱정 없이 삶을 살아 내는 것입니다.

하나님이 천국의 삶을 여기서 살게 하시는 것입니다.

그런 삶의 반석은 기도와 말씀입니다.
세상 기도와 세상 말씀이 아닙니다.
우리의 마음과 생각에 그리스도의 법을 기록해서 예수님이 주시는 마음으로 살게 해 주신다는 하나님의 말씀을 믿는 기도가 되어야 합니다.

하나님이 아브라함과 이삭과 야곱에게 하신 언약은 하나님의 방식으로 우리에게 성령을 주신다는 것입니다. 우리에게 성령을 주셔서 하나님의 성전이 되게 하고 하나님의 교회가 되게 해 주신다는 맹세입니다. 그래서 우리는 성령을 받아야 합니다. 믿음으로 성령을 받는 것입니다.

우리는 온마음으로 나를 구하면 만나리라는 믿음으로 기도해야 합니다.
하나님은 쉬지 말고 기도하라고 하십니다.
하나님만을 사랑한다는 말씀을 마음에 새기고,
앉았을 때든지,
걸을 때든지,
누워 있을 때든지,
눈 떠 있는 모든 시간에
이 말씀을 되새기며 자녀에게 부지런히 가르치라고 말씀하신 것입니다.

우리가 주로 행하는 기도는 긴 문장을 만드는 기도 방식입니다. 이것으로는 하나님께 마음을 드릴 수 없습니다.
쉬지 않고 기도할 수 없습니다. 쉬지 않고 기도하는 것은 언제나 마음속에서 생각 속에서 예수 이름을 부르는 것입니다.
하나님, 하나님,
예수님, 예수님,

성령님, 성령님,

내게 와 주세요. 내 마음을 다스려 주세요.

나의 왕이신 예수님 나를 다스려 주세요. 나를 통치해 주세요.

하나님 아버지 나를 긍휼히 여겨 주세요. 불쌍히 여겨 주세요.

이 정도면 아주 충분하고 쉬지 않고 기도할 수 있는 단어와 문장입니다.

하나님을 아주 사랑하는 마음으로 매일 매 순간, 다른 생각으로 번민할 때마다, 생각이 없을 때마다 공상을 떠돌지 않도록,

하나님께 나의 마음을 드리는 기도를 해야 합니다.

매일 부르는 것입니다. 마음에 새기는 것입니다. 언제든지 기도하는 것입니다.

하나님과의 교제는 영적인 통로인 기도 외에 무엇이 있겠습니까?

하나님은 예수 그리스도가 광야에서 시험을 받을 때,

사탄이 이 세상의 임금이고 주관자임을 알려 주셨습니다.

그래서 예수 그리스도의 사역 중 가장 많은 일이 귀신을 쫓아내는 것이었습니다. 귀신도 예수가 하나님의 아들인 것을 알고 있습니다.

사람들이 죄짓는 근본 바탕에 사탄의 영적인 존재가 있음을 밝혀 주셨습니다. 사탄은 하나님한테 부여받은 그 권세로 이 땅을 움직이고 있었습니다.

하나님을 사랑하면 영적 존재인 사탄의 강력한 저항을 받습니다. 하나님께 기도하면 영적 존재인 사탄이 미혹합니다.

하나님이 주신 예수 그리스도의 이름이 아니면 사탄을 이길 수 없습니다. 예수 그리스도가 보내 주시는 성령이 아니면 하나님의 성전이 될

수 없습니다.

진리의 성령 하나님이 아니면 영적인 세계를 인식할 수 없습니다. 사람이 사는 세상에 하나님이 강력하게 임재하시겠다는 것입니다.

예수 이름을 아는 것과 예수 이름을 마음에 새겨 생각에 기록하여 주시는 하나님의 성령으로 이기는 것은 본질이 다릅니다.

예수 그리스도가 우리의 머리가 되신다는 것은 성령님이 내 마음을 움직이시고 내 생각을 주관하시겠다는 것입니다. 이것은 고도의 훈련이 필요합니다. 우리의 자의식을 하나님께 맡기는 훈련이 있어야 합니다.

이것이 쉬지 않는 기도 훈련입니다.

예수님이 내 살을 먹고 내 피를 마시는 자는 내 안에 있고 나도 그의 안에 있을 것이라고 했습니다. 내 살을 먹고 내 피를 마시는 자는 영생을 가졌고 마지막 날에 그를 다시 살리신다고 했습니다.

십자가에 달리신 예수 보혈의 능력으로 기도에 집중하는 것을 막는 사탄을 이기라는 말씀입니다. 기도가 하기 싫고 기도가 집중되는 것을 막아서는 사탄의 미혹을 깨닫고 예수 피를 부르는 것입니다.

요한복음의 말씀을 되새겨 봅니다.

"내 살을 먹고 내 피를 마시는 자는 영생을 가졌고 마지막 날에 내가 그를 다시 살리리니, 내 살은 참된 양식이요 내 피는 참된 음료로다. 내 살을 먹고 내 피를 마시는 자는 내 안에 거하고 나도 그의 안에 거하나니."(요6:54-56)

하나님을 찾지 않는 것이 죄입니다. 죄는 사탄이 부추기는 것입니다.

성경은 죄를 잉태하는 사탄으로부터 죄의 종이 된 인류를 구원해 주시는 기록입니다. 사탄은 죄를 마음에서 오게 합니다. 기도의 영적 전쟁은 그래서 예수 피로 하는 것입니다.

십자가에 달리신 예수의 고난을 나의 십자가로 바라보며 우리의 마음을 예수 마음으로 바꾸는 것입니다. 그 고난이 나의 죄로 인한 것임을 알아야 하는 것입니다.

이런 하나님의 마음이 내게 들어올 때 나를 가장 사랑하고 계시는 하나님을 만날 것입니다. 하나님이 주시는 구원과 은혜로 하나님만을 사랑하기 시작합니다.

세상으로부터 주어지는 죄와 싸울 수 있습니다. 이 마음을 바꾸는 것이 공짜로 주어질 수 없습니다. 이것이 예수 그리스도만을 사랑하며 살아가기 위한 기도인 것입니다.

기도를 쉬게 될 때 우리는 세상 것을 생각하게 되고 이 세상에서 주는 죄를 이겨 낼 수 없습니다. 사람의 마음에 생각을 집어넣어 주는 존재가 있는 것입니다.

이 기도의 영적 전쟁은 은혜로 주어지는 공짜가 아닙니다. 이 사실을 알고 기도의 자리로 가고 언제나 사탄의 미혹을 이겨 내는 삶의 경주자로서 승리해야 영생의 월계관이 주어지는 것입니다.

십자가에 달리셔서 살이 찢기고 많은 피를 흘리시는 예수 그리스도를 생각해야 합니다.

예수 피를 부르는 기도는 모든 악한 생각을 주는 사탄을 이기는 능력이 있는 것입니다. 하나님이 죄를 씻어 주시고 나의 죄를 덮어 주시는 것입니다. 이것을 알고 집중하여 기도할 때 진리의 성령을 보내 주시는 것입니다.

진리의 성령이 나의 죄를 보게 하고 나의 죄를 회개하게 하는 마음의 할례는 이때에 같이 부어 주시는 것입니다. 우리는 죄를 멀리할 수 있게 되며 죄와 싸울 수 있는 기도의 사람이 되는 것입니다.

사탄은 기도를 방해하고 우리는 그것이 사탄의 미혹임을 알았다면 이제는 기도의 자리에서 하나님을 부르는 것입니다.

이 땅의 것을 구하는 기도가 아닙니다.

내 소망의 성취를 바라는 기도가 아닙니다.

지금 쓰러져 계십니까? 지금 아프십니까? 지금 앞이 보이지 않으십니까?

하나님께 내 모든 것을 내어 드릴 수 있는 절호의 기회입니다.

하나님 나라 백성으로 살아갈 수 있는 기회입니다.

예수님의 제자가 될 수 있는 기회입니다.

우리의 왕은 예수님이시고 나의 주권자도 예수님입니다.

사람의 생각을 버리고 하나님의 성령이 내 마음을 주관하셔야 내 마음이 바뀌어 거듭날 수 있습니다.

어떻게 바꾸어 나갈 것입니까?

하나님께서 모든 것을 주관하신다는 믿음이 있으면 됩니다.

아브라함이 이삭을 내어 드리는 결정은, 방법은 모르지만 하나님이 이삭을 돌려보내 주실 것이라는 믿음이 있었기 때문입니다.

하나님은 아브라함, 이삭, 야곱처럼 우리의 믿음을 성장시켜 주실 것입니다. 그리하여 우리는 하나님과 함께 기쁘게 예수 그리스도를 위해 살아가게 됩니다.

내가 아닌 예수입니다.

그분은 하나님의 아들이시고 그리스도이시고 왕이십니다. 그러한 예수님을 더 좋은 언약의 중보자로 보내 주시었습니다. 첫 언약에 결함이 없었다면, 두 번째 언약이 생길 여지가 없었을 것입니다.

그러나 하나님은 이스라엘 백성에게 말씀하셨습니다.

새 언약, 두 번째 언약, 영원한 언약, 마음의 할례, 그리스도의 법

"여호와의 말씀이니라 보라 날이 이르리니 내가 이스라엘 집과 유다 집과 더불어 새 언약을 맺으리라."(렘31:31)

"내 법을 그들의 생각에 두고 그들의 마음에 이것을 기록하리라 나는 그들에게 하나님이 되고 그들은 내게 백성이 되리라."(히8:10)

하나님께서 새 언약이라고 말씀하심으로써,

첫 번째 언약을 낡은 것으로 만드셨습니다.

그리스도께서 "보시옵소서 내가 하나님의 뜻을 행하러 왔나이다"(히10:9) 하셨습니다.

그리스도께서는 두 번째 언약을 세우시려고, 첫 번째 것을 폐하셨습니다.

이 뜻을 따라서 예수 그리스도의 몸을 단번에 드리심으로 우리가 거룩하게 되었습니다.(히10:10)

믿음의 주요 온전하게 하시는 예수를 바라봅시다.(히12:2)

"새 언약의 중보자이신 예수와 및 아벨의 피보다 더 나은 것을 말하는 뿌린 피니라."(히12:24)

영들의 아버지께서는 우리를 당신의 거룩하심에 참여하게 하시려고, 우리에게 유익이 되도록 훈련하십니다.

모든 훈련은 그 당시에는 즐거움이 아니라 괴로움으로 생각되지만, 나중에는 이것으로 연단받은 사람들에게 의로움이 깃든 평화로운 열매를 맺게 합니다.(히12:9-11)

성경의 큰 줄기는 하나님이 스스로 우리에게 맹세하신 언약입니다. 아담과 하와를 타락시킨 옛 뱀인 사탄에게 여자의 후손과 원수가 되게 하시겠다는 언약, 이것을 원시 언약이라고 하며 아담 언약이라고도 합니다.

그래서 하나님은 다말, 라합, 룻, 우리야의 아내, 마리아를 여자의 후손으로 세우셨습니다. 하나님만을 바라보는 여자들, 사람의 인식과 체통과 가문으로서는 세울 수 없는 여인들을, 하나님의 계보에 아브라함과의 언약을 이루시기 위하여 하나님의 주관으로 올려 주시는 것입니다.

아브라함을 부르시여 믿음의 조상으로 세워 주시겠다는 언약,

“너는 복의 근원이 될 것이며, 땅에 사는 모든 민족이 너로 말미암아 복을 받을 것이다.”(창12:3)

“내가 내 언약을 나와 너 및 네 대대 후손 사이에 세워서 영원한 언약을 삼고,

너와 네 후손의 하나님이 되리라. 너희 중 남자는 다 할례를 받으라,

이것이 나와 너희와 너희 후손 사이에 지킬 내 언약이니라.”(창17장)

이것을 영원한 언약이라고 합니다.

모세를 통해 이스라엘 민족과 세운 십계명의 율법과 규례,

주 우리의 하나님께서 호렙 산에서 우리와 언약을 맺으셨다.(신5:2)

그러나 주님께서 오늘날까지 너희에게 깨닫는 마음과 보는 눈과 듣는 귀를 주시지는 않았다.(신명기29:4)

보는 눈과 듣는 귀를 주시지 않은 것은,

하나님이 죄 있는 육신에 영으로 거할 수가 없기 때문입니다.

율법은 그래서 하나님이 명령하시고 준행하는지를 확인하셔야 하는 것입니다. 사람은 스스로 계명을 지킬 수 없다는 것이 확인된 이스라엘의 역사입니다.

조상과 세우지 않은 언약, 모세 율법인 십계명, 이것을 첫 언약이라고 합니다.

율법을 지킬 수 없다는 것을 아시는 하나님이 아브라함에게 말씀하신 믿음으로 구원받는 두 번째 언약인 새 언약을 선지자들을 통하여 예표합니다.

"네 조상 아브라함과 이삭과 야곱에게 맹세하신 대로,

오늘 너를 세워 자기 백성을 삼으시고 그는 친히 네 하나님이 되시려 함이니라."(신29:13)

"내가 이 언약과 맹세를 너희에게만 세우는 것이 아니라

오늘 우리 하나님 여호와 앞에서 우리와 함께 여기 서 있는 자와 오늘 우리와 함께 여기 있지 아니한 자에게까지이니."(신29:14-15)

오늘 이스라엘 민족과 함께 있지 아니한 자를, 하나님이 자기 백성으로 삼으시겠다는 언약,

"너희는 마음에 할례를 행하고 다시는 목을 곧게 하지 말라."(신 10:16)
"네 하나님 여호와께서 네 마음과 네 자손의 마음에 할례를 베푸사 너로 마음을 다하며 뜻을 다하여 네 하나님 여호와를 사랑하게 하사 너로 생명을 얻게 하실 것이며."(신30:6)

이것을 두 번째 언약이라고 합니다(마음의 할례, 새 언약).

예수 그리스도를 보내시어 아브라함과 맺은 언약을 이루시고 진리의 성령을 보내시는 하나님 아버지.
"내가 나의 법을 그들의 속에 두며 그들의 마음에 기록하여,
나는 그들의 하나님이 되고 그들은 내 백성이 될 것이라."
이것을 새 언약이라고 합니다(그리스도의 법, 성령의 법).

"나는 내 율법을 그들의 마음에 주고, 그들의 생각에 새겨 줄 것이다."
"나는 그들의 죄와 그들의 불법을 더 이상 기억하지 않을 것이다."

우리가 진리의 지식을 얻은 뒤에, 일부러 죄를 지으면 그때에는 속죄제사가 남아 있지 않습니다.

하나님의 아들을 짓밟고, 자기를 거룩하게 한 언약의 피를 대수롭지

않게 여기고, 은혜의 성령을 모욕한 사람은, 얼마나 더 무서운 벌을 받아야 하겠는가를 생각해 보십시오.(히10:29)

두 번째 언약인 새 언약은 우리 마음에 하나님의 마음을 주시고 생각에 기록하게 하시는 것입니다.

십자가에 달리신 예수 그리스도의 살과 피가 우리의 생명의 양식이 되게 해 주시는 것입니다.

예수 그리스도가 새 언약의 중보자로 오시어 우리 마음에 그리스도의 법을 새겨 주시는 것입니다.

나의 죄를 대속하신 예수 그리스도로 인해 우리 마음의 가죽이 벗겨지는 마음의 할례가 일어나는 것입니다.

자기를 부인하고 날마다 자기 십자가를 지고 성령이 내주하시는 거듭남으로 예수를 따르는 제자가 되는 것입니다.

우리는 자기 중심의 사고에서 주님 중심의 사람으로 변화되는 것입니다.

이것은 머리로는 이해할 수 있으나 마음으로는 쉽지 않은 신앙입니다. 그래서 교회는 쉬운 길을 택했습니다.

교회만 오면 성령의 인도하심으로 우리의 마음에 성령이 내주하신 다는 것입니다.

하나님이 성경에서 포괄성으로 말씀하신 구문을 사람이 자의적인 해석으로 결과를 결정하였습니다.

은혜의 성령을 모욕한 죄과를 어떻게 받아드려야 할지 신앙적인 회개가 필요한 것입니다.

앞에 언급한 두 번째 언약을 이루시겠다는 하나님의 언약을 붙잡고 기도하는 신앙인이 되어야 합니다.

언약의 역사에서 보는 하나님의 실존 - 시기별 6단계로 보는 구원계획

우리는 하나님이 살아 계신다고 말하지만 그것을 실증하기 어렵습니다.

이 세상이 크게 보일수록 하나님은 작아집니다. 그러나 살아 계신 하나님은 아담으로부터 시작되는 사람의 역사 속에서 하나님의 언약을 말씀하시고 지키시고 우리를 구원하였습니다.

아담으로부터 지금까지 함께하시는 하나님을 언약의 도표에서 확인하시고 살아 계신 하나님을 확인하여야 합니다. 영생을 확신하는 믿음의 신앙이 시작될 때 하나님의 나라를 위해 삶을 살게 됩니다.

경기장에서 달리는 경주자는 그 경기가 끝나야 상을 받게 되는 것입니다. 우리의 삶은 경주자의 삶입니다. 어느 누가 하나님이 아니면서 구원받았다고 선포를 할 수 있습니까?

그러나 우리는 하나님이 말씀하신 언약을 기억하며 그 삶을 예수 그리스도로 인하여 달려갈 때 하나님은 우리를 기억하실 것입니다. 우리의 마음에 예수 그리스도에 대한 사랑이 언제나 한결같을 때 우리는 항상 기도하는 사람이 되어 있을 것입니다. 그리스도의 법이 마음에 새겨진 일꾼으로서 하늘의 상을 바라며 하나님의 언약이 내 마음에 오신 성령께서 이루어 주시길 바라는 믿음의 기도자가 될 것입니다. 이 믿음을 하나님은 믿음의 의라고 말해 주실 것입니다.

살아계신 하나님의 계획

하나님의 실존
언약의 시기 및 시대로 보는 하나님의 역사

언약	역사를 통한 하나님의 실존성
"여자의 후손이 네 머리를 상하게 하겠다" / 시초 언약, 아담 언약	아담과 하와의 창조
갈대아 우르의 아브라함을 믿음의 조상으로 부르시다 / 영원한 언약	아브라함 B.C. 2100~1800년경
아브라함과 이삭과 야곱에게 하신 언약을 모세에게 두 번째 언약의 말씀으로, 예레미야에게 새 언약의 말씀으로 선포하시다	모세 B.C. 1300년경 예레미야B.C. 650년경
예수 그리스도를 피 뿌림의 산제사를 지내는 새 언약의 중보자로 보내시다 — 마음의 할례	예수 그리스도 B.C. 4년경 ~A.D. 30년 오늘을 살아가며
그리스도의 법이 마음에 심긴 하나님의 성전이 되라 / 성령을 받으라 — 성령의 열매	오늘과 내일을 바라보며
쉬지 않는 기도로 경건의 훈련 지속하기 / 교회 된 자로서 그리스도의 일꾼이 되기	오늘과 영생을 소망하며

아담에게 언약하신 약속을 이루기 위하여 하나님은 아브라함을 부르시어 믿음의 조상으로 세워 주십니다. 여자의 후손으로 유다 가문을 정하시고 다윗의 계보를 따라서 예수 그리스도를 보내 주십니다. 하나님은 사람을 생각하시나 사람은 하나님을 생각하지 않습니다. 사랑하지도 않습니다.

그러나 하나님은 죄성이 있는 사람을 구원하고자 한 언약을 실행해 가시겠다고 모세에게 두 번째 언약으로 말씀하십니다.

하나님이 모세에게 주신 십계명의 율법을 백성들이 잘 지키고 거룩하게 살아 내었다면 하나님은 그들에게 복을 주시고 율법은 사람들에게 지킬 수 있는 계명이 되었을 것입니다.

그러나 율법으로는 사람들이 하나님을 사랑하는 것도 거룩한 삶을 살아가는 것도 불가능한 것을 이스라엘의 역사를 통해 알게 하셨습니다. 이제 하나님은 스스로를 육신으로 오시어 우리의 마음에 할례를 주고 하나님의 사랑을 알게 하기 위하여 십자가에 달리는 고난을 선택하시게 되었습니다.

그리하여 하나님은 내가 고난을 받을 것이다, 라는 언약의 말씀을 모세에게 두 번째 언약으로 예레미야에게 새 언약으로 다시 선포하게 되시는 것입니다.

하나님의 율법인 십계명의 첫 계명에서 네 번째 계명까지는 오직 하나님만을 사랑하라는 것이었습니다. 그러나 사람들은 결국 하나님을 실망시키고 맙니다.

하나님을 섬기지 않고 세상 우상들을 섬기는 백성들. 그들은 이스라엘 백성뿐만이 아니라 우리 모든 사람들이었습니다. 하나님을 만나고 하나님의 말씀을 듣고 하나님의 이적과 기사를 본 하나님이 자기 백성이라고 말씀한 이스라엘 백성이 지켜 내지 못하는 율법을 어느 나라 백성이 지킬 수 있었겠습니까?

결국 출애굽 하면서 모세에게 새겨 준 십계명의 가르침을 지키겠다는 포피를 베는 할례가 무의미하게 된 것입니다.

그래서 구약은 창세기와 구약을 구분해서 봐야 합니다. 창세기는 아브라함 가족을 통하여 믿음을 만드시는 말씀입니다. 구약은 모세를 통해 하나님의 율법을 지키라는 말씀입니다.

완전히 말씀의 다른 줄기인 것입니다. 따라서 모세를 통해 만들어 가시는 이스라엘 역사는 하나님의 관점인 말씀의 언약에서 그 줄기가 아닌 것입니다.

여기까지가 창세기부터 구약에 이르는 시대별 1~3단계인 하나님의 언약입니다.

피 뿌림의 산제사

이제 우리는 두 번째 언약을 이루기 위하여 새 언약의 중보자로 오신 예수 그리스도로부터 마음의 할례를 받는 믿음의 신앙을 간절한 마음의 기도로 시작해야 합니다.

하나님은 자신이 스스로 인간의 죄를 담당하시는 제물로 오셔야 했습니다. 하나님이 이스라엘 백성에게 요구했던 동물의 피로 제사드리는 것이 아닌 예수의 피로 단번에 제사를 드리게 해 주셔야 했습니다.

이것은 지나간 과거의 십자가가 아닙니다.

우리가 하나님의 자녀로 살아가는 것은 살아 계신 예수 그리스도의 성령이 현재 우리의 삶 속에서 이루어 가는 신앙이 되어야 합니다. 내 안에서 말씀하시는 진리의 성령을 만나야 합니다.

예수님은 나를 따라오려거든 자기를 부인하고 날마다 자기 십자가를 지고 나를 따르라고 말씀하셨습니다. 우리가 예수 그리스도의 몸 된 교회로 이 삶을 거룩하게 살아 내야 하는 것입니다.

세상이 주는 성공과 물질 속에서 사탄의 미혹을 이겨 내는 회개의 기도로 하나님을 가장 사랑하는 신앙인이 되는 것입니다.

초대 교회는 이렇게 그리스도인들이 그 삶을 살아 냈습니다.

죽음을 두려워하지 않고 하늘나라에 계시는 어린 양의 예수 그리스도의 영광을 보고 현생의 삶을 죽음으로 이겨 냈습니다. 그러나 지금의 그리스도인들의 믿음의 삶은 어떠합니까?

하나님이신 당신이 십자가에서 우리의 죄를 사해 주었으니 우리는 죄가 없습니다.

하나님이신 당신이 십자가에서 우리를 구원해 주었으니 구원받았음을 의심하지 않습니다.

그리고 삶은 내가 사는 것이니 나를 잘 살게 해 주세요.

나의 삶을 다른 사람보다 앞서게 해 주세요. 좋은 대학을 가고 좋은 직장을 가고 좋은 배우자를 만나고 좋은 아들딸을 낳아서 행복한 삶을 살도록 하나님이 내 기도에 응답해 주어야 합니다.

이런 기독교가 되었습니다.

새 언약은 우리 마음에 하나님의 마음을 주시는 것입니다.

그것은 내 마음 가죽을 베는 마음의 할례에서 시작합니다.

나의 죄를 대속하신 예수가 내가 살아가는 인생에서 가장 사랑하는 이름이 되어야 합니다.

가장 사랑하는 마음의 대상이 예수가 되어야 합니다.

내 마음에 나를 사랑하사 자신을 죽이신 예수의 마음으로 내 마음의 옷을 갈아입어야 합니다.

"하나님이 그의 피로 인하여 믿음으로 말미암는 화목 제물로 세우셨으니 이는 하나님께서 길이 참으시는 중에 전에 지은 죄를 간과하심으로 자기의 의로우심을 나타내려 하심이니"(로3:25)

하나님이 보지 않으시는 것은 예수 이름이 마음에 새겨진 자의 죄입니다. 그래서 우리의 기도는 예수 그리스도의 마음의 할례를 받아 변화된 삶을 살아가게 해 달라고 해야 합니다. 진리의 성령이 나에게 오셔서 내 마음을 통치해 달라고 하는 기도입니다. 죄를 부추기는 사탄을 알고 예수 이름으로 쫓아내고 예수 마음으로 살아 내는 영적 전쟁의 승리를 알아야 하는 것입니다. 이러한 4단계의 언약을 이루어 달라는 기도가 응답받아야 할 기도이고 성령으로 마음에 그리스도의 법을 심어 달라고 하는 기도가 되어야 합니다.

그리고 그리스도의 법이 마음에 새겨진 신앙의 5단계로 성장해야 합니다.

예수 그리스도의 이름으로 주시는 성령. 그 성령으로 인하여 예수가 내 속에 오셔야 하는 것입니다. 우리가 예수께서 말씀하시는 소리를 들어야 하는 것입니다. 예수의 피를 마시고 예수의 살을 먹으며 예수의 성전으로 살아 내는 것입니다.

성령의 열매를 맺으며 좁은 문으로 들어가는 것입니다.

좋은 땅에 말씀이 뿌려진 예수의 제자로서 삼십 배 육십 배 백 배의 결실을 맺는 하나님의 자녀가 되는 것입니다.

우리의 삶이 기쁨으로 기도로 감사로 찬양으로 살아가는 것입니다.

그리고 이것은 쉬지 않는 기도로 경건의 훈련을 지속하는 6단계의 삶으로 이어지는 것입니다.

우리는 하나님의 이름을 쉬지 않고 부르는 기도를 해야 합니다. 우리는 하나님의 성전이며 하나님의 교회가 된 자의 삶을 살아야 합니다. 쉬지 않는 기도로 경건의 훈련을 지속하며 사탄을 언제나 이겨 내야 하는 것입니다.

세상 속에서 예수 그리스도가 우리에게 주신 사랑을 심어야 합니다. 예수 그리스도의 사랑을 받은 자로서 예수의 사랑을 세상의 강줄기에 흘려보내야 하는 것입니다.

사랑의 강물이 가정을 적시고 가족을 적시고 사회를 적시고 나라를 적시고 지구촌에 흘려보내야 하는 것입니다. 그것이 하나님의 사람이 된 사람들의 사랑의 줄기여야 합니다.

이 세상을 살아가는 이유는 예수님이 나를 사랑하시어서 내가 예수의 이름으로 살아가는 것입니다.

예수 이름을 이 땅에 심는 것이 삶의 목표가 되어야 합니다.

그래서 우리는 쉬지 않고 기도해야 합니다. 하나님은 이런 자녀를 원하고 있습니다. 하나님이 자신을 고난 속에 버리시고 우리의 마음에 함께 살아가기를 원하시는 것입니다.

그 언약을 이루어지게 하는 삶은 매일의 기도 속에 있습니다.

하나님의 뜻으로 살아 낼 때 하나님이 준비하신 세상의 복은 천국의 복과 함께 주어질 것입니다.

하나님 아버지께 모든 영광을 올립니다.

우리 주 예수 그리스도만을 사랑합니다. 찬양합니다.

이렇게 하나님이 아담 때부터 계획하신 구원을 위한 언약의 말씀을 성경 본문의 핵심 줄기를 한권으로 볼 수 있게 옮기며 세부적으로 확인하여 보겠습니다.

하루에 읽는 CORE 성경

성경 본문 핵심 말씀

하나님의 말씀인 성경의 본문 말씀은 우리말 그대로 사용하여
쉽게 읽으며 이해하기 수월하도록 지적 재산권이 해결된
《그림이 그려지는 복된 말씀 (구어체성경)》을 사용하였습니다.
창세기부터 구약 신약에 이르는 성경의 본문은 우리말처럼
계속 읽어 가시도록 구성하였습니다.
그 본문에 설명이 되는 신구약의 성경은 다른 폰트로
개역한글을 사용했습니다.
쉬운 성경이나 영문 성경 등으로 보실 수 있도록 본문마다
출처 성경의 장, 절을 표기했습니다.
성경의 본문을 설명하는 인용문에는 권과 장을 표시하고
아라비아숫자로 절을 표기하였습니다.
성경 인용 구절마다 장절을 표기했습니다.

성경 바로보기
2부

창세기의 본문 CORE 말씀

천지 창조와 죄의 잉태

사람을 지으심, 첫 사람 아담과 하와

스스로 계시는 하나님이 처음에 하늘과 땅을 창조했다.(창1:1)

태초에 하나님이 천지를 창조하시니라(창1:1)

(요한복음 1장)
1. 태초에 말씀이 계시니라 이 말씀이 하나님과 함께 계셨으니 이 말씀은 곧 하나님이시니라
2. 그가 태초에 하나님과 함께 계셨고
3. 만물이 그로 말미암아 지은바 되었으니 지은 것이 하나도 그가 없이는 된 것이 없느니라.

(히브리서 1장)
10. 또 주여 태초에 주께서 땅의 기초를 두셨으며 하늘도 주의 손으로 지으신바라

주 하나님이 땅에서 취한 흙으로 사람을 빚고 코에 생기를 불어넣자 사람이 생명체가 되었다.(창2:7)

주 하나님이 자기가 지은 사람을 에덴동산에 데려다 놓고 그 동산을

일구어 돌보게 하며 이렇게 일렀다.(창2:15)

"동산에 있는 모든 나무의 열매는 마음대로 먹을 수 있다.

그러나 선과 악을 알게 하는 나무의 열매는 먹지 마라. 그것을 먹는 날에는 네가 반드시 죽는다."(창2:16-17)

주 하나님이 말했다.

"사람이 혼자 있는 것이 좋아 보이지 않으니, 내가 그를 돕는 짝을 만들어 주어야겠다."(창2:18)

그래서 주 하나님이 아담을 깊이 잠들게 한 다음 그의 갈비뼈 하나를 빼내 그 자리를 실로 채우고

그 갈비뼈로 여자를 만들어 아담에게 데려갔다.(창2:21-22)

그러자 여자를 본 아담이 이렇게 말했다.

"이는 내 뼈 중의 뼈요, 내 살 중의 살이다. 남자인 나에게서 나왔으니 그를 여자라고 불러야겠다."(창2:23)

그래서 남자가 자기 부모를 떠나 그 아내와 결합해 한 몸을 이루게 되었다.(창2:24)

아담과 그의 아내 두 사람이 벌거벗었지만 서로 부끄러운 줄 몰랐다.(창2:25)

죄의 잉태, 사탄의 미혹

주 하나님이 지은 들짐승 가운데 뱀이 가장 교활했는데 그 뱀이 여자에게 물었다.

큰 용이 내어쫓기니 옛 뱀 곧 마귀라고도 하고 사탄이라고도 하는 온 천하

를 꾀는 자라 그가 땅으로 내어쫓기니 그의 사자들도 그와 함께 내쫓기니라(계12:9)

"하나님이 너희에게 동산에 있는 모든 나무의 열매를 먹지 말라고 했느냐?"(창3:1)

여자가 대답했다.

"아니다. 동산에 있는 나무의 열매를 다 먹을 수 있지만, 동산 중앙에 있는 나무의 열매는 먹지도 말고 만지지도 말라고 하시면서 먹으면 죽는다고 하셨다."(창3:2-3)

뱀이 다시 여자에게 말했다.

"그렇지 않다. 그 나무의 열매를 먹어도 절대로 죽지 않는다."(창3:4)

"하나님이 그렇게 말한 것은 너희가 그 나무의 열매를 먹으면 눈이 밝아져 하나님처럼 선과 악을 분간할 수 있게 되기 때문에 그렇게 말한 것이다."(창3:5)

여자가 그 나무의 열매를 보니 먹음직스럽게 생겼고 보기에도 탐스럽게 생겼을 뿐만 아니라 그 열매를 먹으면 금방 지혜롭게 될 것 같아 보였다.

그래서 그 열매를 따 먹고 함께 남편에게 주자 그도 먹었다.(창3:6)

그러자 두 사람의 눈이 밝아져 자신들이 벌거벗은 것을 알게 되어 무화과 나뭇잎을 엮어 몸을 가렸다.(창3:7)

주 하나님이 그 아담을 불렀다.

"아담아, 아담아, 네가 어디에 있느냐?"(창3:9)

아담이 대답했다.

"제가 하나님께서 동산을 거니시는 소리를 듣고 알몸을 드러내기 두

려워 숨었습니다. 저는 벗은 몸인 것이 두려워서 숨었습니다."(창3:10)

"누가 너에게 네가 벌거벗었다고 말해 주었느냐? 내가 먹지 말라고 한 그 나무의 열매를 네가 먹었느냐?"(창3:11)

아담이 핑계를 댔다.

"하나님께서 저와 함께하라고 짝지어 주신 그 여자가 그 나무의 열매를 주어서 제가 먹었습니다."(창3:12)

주 하나님이 그 여자에게 물었다.

"너는 어쩌다가 이런 일을 했느냐?"

여자도 핑계를 댔다.

"뱀이 꾀어서 먹었습니다."(창3:13)

시초 언약, 아담 언약 / 생명나무를 두심으로 그리스도의 생명을 예표하심

주 하나님이 뱀에게 말했다.

"네가 이런 일을 저질렀으니 내가 너와 여자 사이 너와 여자 후손이 원수가 되게 하겠다. 그러면 네 씨가 여자 후손의 발꿈치를 부수려다가 도리어 여자의 후손이 네 머리를 상하게 할 것이다."(창3:14-15)

(히브리서 1장)

1. 옛적에 선지자들로 여러 부분과 여러 모양으로 우리 조상들에게 말씀하신 하나님이
2. 이 모든 날 마지막에 아들로 우리에게 말씀하셨으니 이 아들을 만유의 후사로 세우시고 또 저로 말미암아 모든 세계를 지으셨느니라
3. 이는 하나님의 영광의 광채시요 그 본체의 형상이시라 그의 능력의 말씀으로 만물을 붙드시며 죄를 정결케 하는 일을 하시고 높은 곳에 계신 위엄의 우편에 앉으셨느니라

그래서 주 하나님이 그들을 에덴동산에서 내쫓은 다음 그들이 흙에서 왔으므로, 흙을 일구게 했다.(창3:23)

그리고 그들을 내쫓은 다음 에덴동산 동쪽에 그룹들과 돌아가는 불칼을 두어 생명 나무로 가는 길목을 지키게 했다.(창3:24)

(고린도전서 15장)
45. 기록된 바 첫 사람 아담은 산 영이 되었다 함과 같이 마지막 아담은 살려 주는 영이 되었나니
46. 그러나 먼저는 신령한 자가 아니요 육 있는 자요 그 다음에 신령한 자니라
47. 첫 사람은 땅에서 났으니 흙에 속한 자이거니와 둘째 사람은 하늘에서 나셨느니라
48. 무릇 흙에 속한 자들은 저 흙에 속한 자와 같고 무릇 하늘에 속한 자들은 저 하늘에 속한 이와 같으니
49. 우리가 흙에 속한 자의 형상을 입은 것 같이 또한 하늘에 속한 이의 형상을 입으리라

죄의 시작과 인류의 악행

가인과 아벨 / 첫 살인

아담이 아내 하와와 동침해 가인을 낳자 아내 하와가 이렇게 말했다.

"주님께서 도와주셔서 내가 아들을 낳았다."

얼마 후에 하와가 다시 가인의 동생 아벨을 낳았는데 아벨은 양 치는 사람이 되었고 가인은 농사짓는 사람이 되었다.(창4:1-2)

수확할 때가 되어서 가인은 땅에서 거둔 곡식으로 주님께 제물을 드렸으나 아벨은 자기 양 떼 가운데서 맏배의 기름기를 드렸다.(창4:3)

그런데 주님이 아벨과 그가 바친 제물은 받았지만 가인과 그가 바친 제물은 받지 않았다.

그러자 가인이 몹시 화가 나 안색이 변했다.(창4:4-5)

주님이 가인에게 말했다.

"네가 왜 안색이 변했느냐?(창4:6)

네가 선을 행했으면 왜 낯을 들지 못하겠느냐?

그러나 네가 선을 행하지 않았으니 사탄이 너를 굴복시키기 위해 호시탐탐 기회를 노릴 것이다.

그러므로 너는 모든 죄의 욕망을 물리쳐야 한다."

어느 날 가인이 동생 아벨에게 들로 나가자고 해 두 사람이 들로 나갔을 때, 가인이 동생 아벨에게 달려들어 그를 쳐 죽였다.(창4:8)

노아의 홍수/ 노아 가족을 제외하고, 죄에 물든 인류를 심판하심

주님이 사람의 죄악이 세상에 가득하고 그들이 마음에 품은 생각이 모두 악한 것을 보고 땅 위에 사람 지은 것을 후회하며 슬퍼했다.(창6:5-6)

"내가 만든 사람이지만 그들을 땅 위에서 쓸어버려야겠다. 사람뿐만 아니라 짐승과 땅 위를 기어 다니는 동물과 하늘을 나는 새까지 다 쓸어버리겠다. 그것들을 만든 것을 후회한다."(창6:7)

그러나 노아만은 주님께 은혜를 입었다.(창6:8)

하나님이 보기에 당시의 세상은 인간들이 타락할 대로 타락해 폭력이 난무하는 무법천지 그 자체였다.(창6:11-12)

하나님이 노아에게 말했다.

"모든 혈육 있는 자의 포악이 땅에 가득해 그들의 끝날이 내 앞에 이르렀다. 내가 땅과 함께 그들을 쓸어 버리겠다.

그러니 너는 전나무로 방주를 만들어라."(창6:13-14)

이렇게 하나님이 노아와 그의 가족, 그리고 방주 안에 있던 동물들을 제외하고 모든 동물들을 다 쓸어버렸다.(창6:23)

하나님이 노아에게 말했다.

"방주 안에 있던 네 가족들과 동물들을 다 데리고 나와라. 그것들이 땅에서 새끼를 많이 낳고 불어나 번성하게 될 것이다."(창8:15-17)

(히브리서 11장)

3. 믿음으로 모든 세계가 하나님의 말씀으로 지어진 줄을 우리가 아나니 보이는 것은 나타난 것으로 말미암아 된것이 아니니라

4. 믿음으로 아벨은 가인보다 더 나은 제사를 하나님께 드림으로 의로운 자라 하시는 증거를 얻었으니 하나님이 그 예물에 대하여 증언하심이라 그가 죽었으나 그 믿음으로써 지금도 말하느니라

6. 믿음이 없이는 하나님을 기쁘시게 하지 못하나니 하나님께 나아가는 자는 반드시 그가 계신 것과 또한 그가 자기를 찾는 자들에게 상 주시는 이심을 믿어야 할지니라

7. 믿음으로 노아는 아직 보이지 않는 일에 경고하심을 받아 경외함으로 방주를 준비하여 그 집을 구원하였으니 이로 말미암아 세상을 정죄하고 믿음을 따르는 의의 상속자가 되었느니라

다시 시작되는 죄 / 이름을 날리고 싶은 사람의 욕망인 바벨탑

노아의 아들인 셈과 함과 야벳은 홍수 이후에 그들이 자녀들을 낳았다.(창10:1)

이들은 홍수 이후에 여러 민족으로 나뉘었다.(창10:32)

당시에 온 세상에는 언어가 하나뿐이어서 모두가 같은 말을 썼다.(창11:1)

이들은 이렇게 말했다.

"자, 우리가 성을 세우고 성안에 하늘에까지 닿을 탑을 쌓자. 그래서 우리의 이름을 내고 흩어지지 말자."(창11:4)

그러자 주님이 사람들이 탑 쌓는 것을 보고 내려와 이렇게 말했다.(창11:5)

"이제 우리가 내려가서 그들의 언어를 혼잡하게 해 서로 알아듣지 못하게 하자."(창11:7)

주님이 땅의 언어를 혼잡하게 해 사람들이 온 땅으로 흩어졌다고 해서 그곳 이름을 바벨이라고 불렀다.(창11:9)

아브람을 부르심 - 언약과 믿음의 시작
- 하나님의 구속사의 시작

아브람을 부르심 / 믿음으로 구원을 받게 하기 위한 하나님의 계획

노아의 아들 중 셈의 족보에서 아브람이 갈대아 우르를 떠나 가나안 땅으로 가다가 하란에 이르러 거기에 자리 잡고 살았다.(창11:31)

주님이 아브람에게 말했다.

"네 고향과 친척과 아버지의 집을 떠나 내가 너에게 보여 줄 땅으로 가라.

내가 너를 큰 민족이 되게 하고 너에게 복을 주어 네 이름을 떨치게 하겠다.

네 이름이 다른 사람에게 복을 끼쳐 주는 이름이 될 것이다.

너로 인해 땅의 모든 족속이 복 받게 될 것이다."(창12:1-3)

주님의 말씀에 순종해 아브람이 조카 롯과 함께 길을 떠났다.

하란을 떠날 때 아브람의 나이는 75살이었다.(창12:4)

아브람이 그곳을 떠나 벧엘이 보이는 곳에 장막을 쳤다.

아브람은 거기에서도 주님의 이름을 부르며 하나님을 예배했다.(창12:8)

(히브리서 11장)
1. 믿음은 바라는 것들의 실상이요 보이지 않는 것들의 증거니
8. 믿음으로 아브라함은 부르심을 받았을 때에 순종하여 장래 기업으로 받을 땅에 나갈새 갈 바를 알지 못하고 나갔으며
9. 믿음으로 저가 이방에 있는 것같이 약속하신 땅에 우거하여 동일한 약속을 유업으로 함께 받은 이삭과 야곱으로 더불어 장막에 거하였으니
10. 이는 하나님의 경영하시고 지으실 터가 있는 성을 바랐음이라

아브람은 자기 조카 롯이 잡혀갔다는 말을 듣고 자기 집에서 태어나 훈련받은 사병 318명을 거느리고 단까지 네 왕을 추격했다.(창14:14)

아브람은 그들을 다메섹 북쪽에 있는 호바까지 추격해 조카 롯 뿐만 아니라 빼앗겼던 롯의 재산과 아낙네들과 끌려갔던 사람들까지 모두 다 되찾아 돌아왔다.(창14:16)

대제사장 멜기세덱의 축복

멜기세덱이 아브람을 축복하며 말했다.

"하늘과 땅을 창조하신 지극히 높으신 하나님께 복 받은 아브람이여, 그대는 그대의 손에 원수들을 넘겨주신 지극히 높으신 하나님을 찬양하시오."

그러자 아브람이 자기가 되찾아 온 모든 것 가운데서 십분의 일을 멜기세덱에게 주었다.(창14:19-20)

(히브리서 7장)
1. 이 멜기세덱은 살렘 왕이요 지극히 높으신 하나님의 제사장이라 여러 왕을 무찌르고 돌아오는 아브라함을 만나 복을 빈 자라
2. 아브라함이 모든 전리품의 십분의 일을 그에게 나누어 주니라 그 이름을 해석하면 먼저는 의의 왕이요 그 다음은 살렘 왕이니 곧 평강의 왕이요

3. 아버지도 없고 어머니도 없고 족보도 없고 시작한 날도 없고 생명의 끝도 없어 하나님의 아들과 닮아서 항상 제사장으로 있느니라
4. 이 사람이 얼마나 높은가를 생각해 보라 조상 아브라함도 전리품 중 십분의 일을 그에게 주었느니라
5. 레위의 아들들 가운데 제사장의 직분을 받은 자들은 율법을 따라 아브라함의 허리에서 난 자라도 자기 형제인 백성에게서 십분의 일을 취하라는 명령을 받았으나
6. 레위 족보에 들지 아니한 멜기세덱은 아브라함에게서 십분의 일을 취하고 약속을 받은 그를 위하여 복을 빌었나니
7. 두말할 것 없이 축복은 윗사람이 아랫 사람에게 해 주는 것이니라
8. 또 레위 제사장처럼 죽을 자들이 십분의 일을 받으나 멜기세덱은 성경이 살아있다고 증거를 얻은 자가 받았느니라
9. 또한 십분의 일을 받는 레위도 아브라함으로 말미암아 십분의 일을 바쳤다고 할 수 있나니
10. 이는 멜기세덱이 아브라함을 만날 때에 레위는 이미 자기 조상인 아브라함의 몸 속에 있었음이라
11. 레위 계통의 제사 직분으로 말미암아 율법으로 구원함을 얻을 수 있었으면 어찌하여 아론의 반차를 따르지 않고 멜기세덱의 반차를 따르는 다른 한 제사장을 세울 필요가 있느냐
12. 제사 직분이 바꾸어졌은즉 율법도 반드시 바꾸어지리니
13. 이것은 한 사람도 제단 일을 받들지 않는 다른 지파에 속한 자를 가리켜 말한 것이라

이런 일이 있은 후에 주님이 환상으로 아브람에게 나타나 말했다.

"아브람아, 두려워하지 마라. 나는 네 방패다. 내가 너에게 큰 상을 내리겠다."

그러자 아브람이 말했다.

"주 나의 하나님, 저에게 무엇을 주시겠습니까? 저에게는 자식이 없습니다. 제 재산을 물려받을 사람은 다마스쿠스 사람인 엘리에셀 뿐입니다."(창15:1-2)

주님이 다시 말했다.

"네 종은 네 상속자가 아니다. 장차 네 몸에서 태어날 아들이 네 상속자가 될 것이다."(창15:4)

주님이 아브람을 밖으로 데리고 나가 말했다.

"하늘을 한 번 쳐다보아라. 그리고 네가 저 별들을 셀 수 있으면 한 번 세어 보아라. 내가 네 후손이 저 하늘의 별들처럼 많이 불어나게 해 주겠다."(창15:5)

아브람이 주님의 말을 믿자, 주님이 이것을 그의 의로 여기고 이렇게 말했다.(창15:6)

(로마서 4장)
1. 그런즉 육신으로 우리 조상된 아브라함이 무엇을 얻었다 하리요
2. 만일 아브라함이 행위로써 의롭다 하심을 얻었으면 자랑할 것이 있으려니와 하나님 앞에서는 없느니라
3. 성경이 무엇을 말하느뇨 아브라함이 하나님을 믿으매 이것이 저에게 의로 여기신바 되었느니라
9. 그런즉 이 행복이 할례자에게뇨 혹 무할례자에게도뇨 대저 우리가 말하기를 아브라함에게는 그 믿음을 의로 여기셨다 하노라
10. 그런즉 이를 어떻게 여기셨느뇨 할례시냐 무할례시냐 할례시가 아니라 무할례시니라
11. 저가 할례의 표를 받은 것은 무할례시에 믿음으로 된 의를 인친 것이니 이는 무할례자로서 믿는 모든 자의 조상이 되어 저희로 의로 여기심을 얻게 하려 하심이라

(갈라디아서 3장)
6. 아브라함이 하나님을 믿으매 이것을 그에게 의로 정하셨다 함과 같으니라
7. 그런즉 믿음으로 말미암은 자들은 아브라함의 아들인줄 알찌어다
8. 또 하나님이 이방을 믿음으로 말미암아 의로 정하실 것을 성경이 미리

알고 먼저 아브라함에게 복음을 전하되 모든 이방이 너를 인하여 복을 받으리라 하였으니
9. 그러므로 믿음으로 말미암은 자는 믿음이 있는 아브라함과 함께 복을 받느니라.

"분명히 알아두어라. 네 후손이 다른 나라에서 나그네로 살며 그들의 종이 되어 400년 동안 괴로움을 겪게 될 것이다."(창15:13)

"네 후손이 아모리족의 죄가 찰 만큼 찬 다음 사 대 만에 이 땅으로 돌아오게 될 것이다."(창15:16)

(사도행전 7장)
6. 하나님이 또 이같이 말씀하시되 그 후손이 다른 땅에서 나그네가 되리니 그 땅 사람들이 종으로 삼아 사백 년 동안을 괴롭게 하리라 하시고
7. 또 이르시되 종 삼는 나라를 내가 심판하리니 그 후에 그들이 나와서 이곳에서 나를 섬기리라 하시고

아브람과 후손에게 세우시는 영원한 언약 / 언약의 증표 할례를 행하라

아브람의 아내 사래가 아이를 낳지 못했는데, 그녀에게는 이집트 출신의 하갈이라는 여종이 있었다.

사래가 아브람에게 말했다.

"주님께서 제게 아이를 주지 않으시니 내 여종과 잠자리를 함께 하세요."(창16:1-2)

아브람이 하갈과 동침해 하갈이 임신하게 되자 하갈이 자기의 여주인인 사래를 업신여겼다.(창16:4)

(갈라디아서 4장)
21. 내게 말하라 율법 아래에 있고자 하는 자들아 율법을 듣지 못하였느냐
22. 기록된 바 아브라함에게 두 아들이 있으니 하나는 여종에게서, 하나는 자유 있는 여자에게서 났다 하였으며
23. 여종에게서는 육체를 따라 났고 자유 있는 여자에게서는 약속으로 말미암았느니라
24. 이것은 비유니 이 여자들은 두 언약이라 하나는 시내 산으로부터 종을 낳은 자니 곧 하갈이라
25. 이 하갈은 아라비아에 있는 시내 산으로서 지금 있는 예루살렘과 같은 곳이니 그가 그 자녀들과 더불어 종 노릇 하고
26. 오직 위에 있는 예루살렘은 자유자니 곧 우리 어머니라
27. 기록된 바 잉태하지 못한 자여 즐거워하라 산고를 모르는 자여 소리 질러 외치라 이는 홀로 사는 자의 자녀가 남편 있는 자의 자녀보다 많음이라 하였으니

아브람이 99살 되는 해에 주님이 그에게 나타나 말했다.(창17:1)

"내가 너와 언약을 세운다. 네가 많은 민족의 조상이 될 것이다. 이렇게 내가 너를 여러 민족의 조상으로 삼았으니, 이제부터 네 이름을 아브람이 아니라 아브라함이라고 부르겠다.(창17:4-5)

내가 너를 크게 번성하게 해 여러 민족과 왕들이 너에게서 나오게 하겠다. 내가 세우는 언약은 너뿐만이 아니라 네 후손과도 세우는 영원한 언약이다.(창17:5-6)

(요한복음 8장)
56. 너희 조상 아브라함은 나의 때 볼 것을 즐거워하다가 보고 기뻐하였느니라
57. 유대인들이 가로되 네가 아직 오십도 못되었는데 아브라함을 보았느냐
58. 예수께서 가라사대 진실로 진실로 너희에게 이르노니 아브라함이 나기 전부터 내가 있느니라 하시니

나는 너와 네 후손의 하나님이 될 것이다. 그러므로 너와 네 뒤에 올 후손도 대대로 내 언약을 지켜야 한다.(창17:8-9)

너희는 포피를 베어 할례를 행해라. 이것이 나와 너희 사이에 맺는 언약의 증표다."(창17:11)

(로마서 4장)
12. 또한 할례자의 조상이 되었나니 곧 할례 받을 자에게뿐 아니라 우리 조상 아브라함이 무할례시에 가졌던 믿음의 자취를 따르는 자들에게도 그러하니라
13. 아브라함이나 그 후손에게 세상의 상속자가 되리라고 하신 언약은 율법으로 말미암은 것이 아니요 오직 믿음의 의로 말미암은 것이니라
14. 만일 율법에 속한 자들이 상속자이면 믿음은 헛것이 되고 약속은 파기되었느니라
15. 율법은 진노를 이루게 하나니 율법이 없는 곳에는 범법도 없느니라
16. 그러므로 상속자가 되는 그것이 은혜에 속하기 위하여 믿음으로 되나니 이는 그 약속을 그 모든 후손에게 굳게 하려 하심이라 율법에 속한 자에게뿐만 아니라 아브라함의 믿음에 속한 자에게도 그러하니 아브라함은 우리 모든 사람의 조상이라

하나님이 또 아브라함에게 말했다.

"이제 네 아내의 이름도 사래라고 부르지 말고 사라라고 불러라.

내가 그녀에게 복을 주어 너에게 아들을 낳아 주게 하겠다. 또 내가 네 아내에게 복을 주어 많은 민족의 어머니가 되게 해 나라의 왕들이 그녀에게 나오게 하겠다."(창17:15-16)

이 말을 듣고 아브라함이 얼굴을 땅에 대고 웃으며 속으로 말했다.

"나이 백 살에 아이를 낳다니! 게다가 아내 사라도 아흔 살이나 되었는데…."(창17:17)

하나님이 말했다.

"네 아내 사라가 반드시 너에게 아들을 낳아 줄 것이다.

그러면 너는 그 아이의 이름을 이삭이라고 지어라.

내가 그와 그의 후손에게 영원한 언약을 세우겠다.

내년 이맘때에 사라가 너에게 낳아 주는 아들 이삭과 언약을 맺겠다."(창17:19, 21)

주님이 약속한 대로 사라가 임신해, 때가 되었을 때 늙은 아브라함과 사라 사이에서 아들이 태어났다.

아브라함은 사라가 자기에게 낳아 준 아들의 이름을 이삭이라고 지었다.(창21:1-3)

이삭이 태어날 때 아브라함의 나이는 백 살이었다.(창21:5)

(갈라디아서 4장)

28. 형제들아 너희는 이삭과 같이 약속의 자녀라

29. 그러나 그 때에 육체를 따라 난 자가 성령을 따라 난 자를 박해한 것 같이 이제도 그러하도다

30. 그러나 성경이 무엇을 말하느냐 여종과 그 아들을 내쫓으라 여종의 아들이 자유 있는 여자의 아들과 더불어 유업을 얻지 못하리라 하였느니라

31. 그런즉 형제들아 우리는 여종의 자녀가 아니요 자유 있는 여자의 자녀니라

이삭을 번제물로 바쳐라

하나님이 아브라함을 시험해 보려고 "아브라함아!" 하고 불렀다.

아브라함이 대답했다. "네, 여기 있습니다."(창22:1)

하나님이 이렇게 분부했다.

"네 아들, 네가 사랑하는 네 외아들 이삭을 데리고 모리아 땅으로 가, 내가 너에게 지시하는 산에서 그를 번제물로 바쳐라."(창22:12)

하나님이 말씀해 주신 곳에 이르자 아브라함이 번제를 쌓고 제단에 장작을 얹은 다음 아들 이삭을 묶어 그 위에 올려놓았다.(창22:9)

그런 다음 칼을 들어 아들을 제물로 바치기 위해 죽이려고 했다.(창22:10)

하나님이 말했다. "그 아이에게 손을 대지 마라."(창22:12)

"네가 이렇게 네 아들 곧 네 외아들까지도 아끼지 않았으니 내가 반드시 너에게 복을 주겠다.

그래서 네 자손이 하늘의 별과 바닷가에 모래알처럼 불어나 원수의 성을 차지하게 하겠다.

네가 내 말에 순종했으니, 이 땅의 모든 민족들이 네 후손을 통해 복을 받게 될 것이다."(창22:15-18)

(히브리서 6장)

13. 하나님이 아브라함에게 약속하실 때에 가리켜 맹세할 자가 자기보다

더 큰이가 없으므로 자기를 가리켜 맹세하여
14. 이르시되 내가 반드시 너에게 복 주고 복 주며 너를 번성하게 하고 번성하게 하리라 하셨더니
15. 그가 이같이 오래 참아 약속을 받았느니라
16. 사람들은 자기보다 더 큰 자를 가리켜 맹세하나니 맹세는 그들이 다투는 모든 일의 최후 확정이니라
17. 하나님은 약속을 기업으로 받는 자들에게 그 뜻이 변하지 아니함을 충분히 나타내시려고 그 일을 맹세로 보증하셨나니
18. 이는 하나님이 거짓말을 하실 수 없는 이 두 가지 변하지 못할 사실로 말미암아 앞에 있는 소망을 얻으려고 피난처를 찾은 우리에게 큰 안위를 받게 하려 하심이라

아브라함과 이삭과 야곱의 하나님

일찍이 아브라함 때에 들었던 흉년이 다시 들어, 이삭이 블레셋의 아비멜렉이 다스리는 땅 그릴로 갔다.(창26:1)

그때 주님이 나타나 말했다.

"이집트로 내려가지 말고 내가 너에게 일러 주는 땅에서 살아라. 그래야 내가 네 아버지 아브라함에게 약속한 대로 너에게도 복을 주어 이 땅을 너와 네 후손에게 주겠다."(창26:2-3)

이삭이 그곳을 떠나 브엘세바로 갔다.(창26:23)

그날 밤 주님이 이삭에게 나타나 말했다.

"나는 네 아버지 아브라함의 하나님이다. 내가 너와 함께 있으니 두려워하지 마라.

내가 내 종인 아브라함을 생각해 너에게 복 주고 네 후손이 번성하게 하겠다."(창26:24)

이삭이 그곳에 제단을 쌓고 주님의 이름을 부르며 예배했다.(창26:25)

야곱이 브엘세바를 떠나 하란으로 가다가 꿈을 꾸게 되었다.(창28:10-11)

주님이 그 위에 서서 말했다.

"나는 네 할아버지 아브라함과 네 아버지 이삭의 하나님이다.

네가 누운 땅을 내가 너와 네 후손에게 줄 것이다.

네 후손이 땅의 티끌처럼 많아져 동서남북으로 퍼져 나가게 되고,

이 땅의 모든 족속이 너와 네 후손을 통해 복 받게 될 것이다.

내가 너와 함께하며 네가 어디로 가든지 너를 지켜 주고 너를 이 땅으로 다시 데려오겠다.

그리고 너에게 약속한 것을 다 이룰 때까지 너를 떠나지 않겠다."(창28:12-15)

"네가 하나님과 겨루어 이겼고 사람과도 겨루어 이겼으니,

이제 네 이름은 야곱이 아니라 이스라엘이다."(창32:28)

(로마서 9장)

6. 또한 하나님의 말씀이 폐하여진 것 같지 않도다 이스라엘에게서 난 그들이 다 이스라엘이 아니요

7. 또한 아브라함의 씨가 다 그 자녀가 아니라 오직 이삭으로부터 난 자라야 네 씨라 칭하리라 하셨으니

8. 곧 육신의 자녀가 하나님의 자녀가 아니라 오직 약속의 자녀가 씨로 여기심을 받느니라

야곱 가족의 이집트 이주

기근이 온 세상을 뒤덮어 모든 나라 사람들이 양식을 사러 이집트로 요셉을 찾아갔다.(창41:57)

가나안 땅에도 기근이 들어 이스라엘의 아들들도 양식을 사러 이집트로 내려갔다.(창42:5)

하나님이 환상 중에 이스라엘을 불렀다. "야곱아, 야곱아."

"예, 제가 여기 있습니다."(창46:2)

하나님이 말했다.

"나는 하나님 곧 네 아버지의 하나님이다. 이집트로 내려가는 것을 두려워하지 말라. 내가 거기서 너를 큰 민족이 되게 하겠다. 그리고 나도 너와 함께 이집트로 내려가고 너를 반드시 이곳으로 다시 데려오겠다."(창46:3-4)

야곱의 유언 / 유다 지파에서 그리스도의 나심

야곱이 아들들을 불러 놓고 말했다.

"야곱의 아들들아 모여라. 내가 앞으로 너희에게 일어날 일들을 말해 주겠다."(창49:1)

"유다야, 네 형제들이 너를 칭송하고 네 후손이 원수들의 목덜미를 잡을 것이다. 네 아버지의 아들들이 너에게 절하게 될 것이다."(창49:8)

"유다 너는 젊은 사자다.

짐승을 덮쳐 뜯어 먹고 웅크리고 엎드려 있으니 수사자 같기도 하고 암사자 같기도 해 누가 너를 건드릴 수 있겠느냐?

왕의 규가 유다를 떠나지 않고 통치자의 지팡이가 그 발 사이에서 떠나지 않기를 실로가 오기까지 그렇게 하고, 실로가 오면 만백성이 그에게 복종할 것이다.

유다는 나귀를 포도나무에 매고 새끼 암나귀를 가장 좋은 포도나무 가지에 맬 것이다.

자기 옷을 포도주에 빨고 겉옷을 붉은 포도주에 빨 것이다.

그의 눈은 포도주 빛보다 진하고 그의 이는 우윳빛보다 흴 것이다."(창49:9-12)

(히브리서 7장)
14. 우리 주께서 유다로 좇아 나신것이 분명하도다 이 지파에는 모세가 제사장들에 관하여 말한 것이 하나도 없고
15. 멜기세덱과 같은 별다른 한 제사장이 일어난 것을 보니 더욱 분명하도다
16. 그는 육체에 상관된 계명의 법을 좇지 아니하고 오직 무궁한 생명의 능력을 좇아 된 것이니
17. 증거하기를 네가 영원히 멜기세덱의 반차를 좇는 제사장이라 하였도다
18. 전에 계명이 연약하며 무익하므로 폐하고
19. (율법은 아무 것도 온전케 못할지라)이에 더 좋은 소망이 생기니 이것으로 우리가 하나님께 가까이 가느니라

성경 바로보기

3부

구약의 본문 CORE 말씀

출애굽을 통한 율법의 시작: 이스라엘 백성의 부르짖음

이집트로 내려간 야곱의 자손은 70명인데, 그중에서 요셉과 그의 아들은 이미 이집트에 살고 있었다.(출1:5)

얼마 후에 요셉과 그의 형제들과 그 시대 사람들은 다 죽었다.(출1:6)

하지만 이스라엘 후손은 자식을 많이 낳고 번성해 이집트 온 땅에 퍼져 나가 강해졌다.(출1:7)

요셉을 알지 못하는 새로운 파라오가 이집트를 다스리게 되었다.(출1:8)

이스라엘 백성을 강제 노동에 동원하고, 그들의 삶을 고달프게 했다.(출1:11-14)

그리고 마침내 파라오가 모든 이스라엘 백성에게 이런 명령을 내렸다.

"아들을 낳으면 나일강에 던지고 딸은 살려 주어라."(출1:22)

레위 지파의 한 남자가 같은 레위 지파의 한 여자와 결혼해 아들을 낳았다.(출2:1-2)

갈대 상자에 역청과 송진을 바른 다음 아이를 그 안에 담아 강가에 있는 갈대숲 사이에 띄워 놓았다.(출2:3)

파라오의 딸이 그 상자를 발견하고(출2:5) 그 아이를 자기의 양자로 삼았다.

공주는 “내가 이 아이를 물에서 건졌다”라고 하며 아이의 이름을 모세라고 지었다.(출2:10)

세월이 흘러 이집트의 왕이 죽었으나 이스라엘 후손은 고된 노동으로 인해 탄식하며 부르짖었다.(출2:23)

하나님이 이스라엘 백성의 신음 소리를 듣고 아브라함과 이삭과 야곱과 맺은 언약을 기억했다.(출2:24)

(창세기 15장)
13. 여호와께서 아브람에게 이르시되 너는 정녕히 알라 네 자손이 이방에서 객이 되어 그들을 섬기겠고 그들은 사백 년 동안 네 자손을 괴롭게 하리니
14. 그 섬기는 나라를 내가 징벌할지며 그 후에 네 자손이 큰 재물을 이끌고 나오리라
15. 너는 장수하다가 평안히 조상에게로 돌아가 장사될 것이요
16. 네 자손은 사 대만에 이 땅으로 돌아 오리니 이는 아모리 족속의 죄악이 아직 가득차지 아니함이니라 하시더니

모세는 장인의 양 떼를 치는 목자가 되었다.

하루는 모세가 양 떼를 몰고 광야 서쪽으로 가다가 하나님의 산인 호렙에 이르렀다.(출3:1)

하나님이 떨기나무 가운데서 그를 불렀다. “모세야, 모세야.”(출3:4)

“나는 네 조상의 하나님, 곧 아브라함과 이삭과 야곱의 하나님이다.”

모세가 하나님이 두려워 얼굴을 가렸다.(출3:6)

"지금도 이스라엘 백성이 울부짖는 소리가 들리고 이집트 사람들이 그들을 학대하는 모습도 보인다.

이제 내가 너를 파라오에게 보낼 테니 네가 내 백성 이스라엘을 이집트에서 이끌어 내라."(출3:9-10)

모세가 하나님께 아뢰었다.

"제가 이스라엘 백성에게 가서 '여러분 조상의 하나님께서 나를 여러분에게 보냈습니다'라고 말하면, 그들이 저에게 '그분의 이름이 무엇이냐?' 하고 물을 텐데, 그러면 제가 무엇이라고 대답합니까?"(출3:13)

"나를 여러분에게 보내신 이는 '나는 스스로 있는 이다'라고 말씀하시는 분이라고 말해라.

너희를 이집트에서 이끌어 내 젖과 꿀이 흐르는 땅으로 인도할 것이다."(출3:14, 16)

"내가 강한 손으로 이집트 왕을 치기 전에는 그가 너희를 보내지 않다가, 내가 내 손을 뻗어 여러 가지 이적으로 이집트를 친 후에야 너희를 보내 줄 것이다."(출3:19-20)

하나님은 열 가지 재앙으로 이집트에서 이스라엘 민족을 이끌어 내시었다.

이스라엘 백성은 주님이 이집트 사람들에게 행하신 큰 능력을 보고 주님을 경외했고 그의 종 모세를 믿게 되었다.(출14:31)

이집트 땅에서 나온 것을 원망하는 이스라엘 민족

온 이스라엘 회중이 엘림을 떠나 엘림과 시내산 사이에 있는 신 광야에 이르렀다.

이집트를 떠난 지 2개월 15일째 되는 날이다.(출16:1)

거기서 이스라엘 온 회중이 또 모세와 아론에게 불평했다.(출16:2)

"차라리 우리가 이집트 고기 가마 곁에 앉아 배불리 빵을 먹던 그때 주님의 손에 죽었더라면 더 좋을 뻔했습니다. 그대들이 지금 우리를 이 광야로 데려와 다 굶어 죽게 하고 있습니다."(출16:3)

주님이 모세에게 말했다.

"내가 이스라엘 백성이 원망하는 소리를 들었다. 그러니 네가 그들에게 이렇게 말해라.

너희가 저녁에는 고기를 먹고 아침에는 빵을 배불리 먹게 될 것이다.

그러면 내가 여호와 하나님인 것을 너희가 알게 될 것이다."(출16:11-12)

그리고 하나님은 불평하는 이스라엘 백성을 다음과 같은 이적과 벌로 40년간 광야에서 훈련시켰습니다.(출애굽기, 민수기)

만나와 메추라기(출16:11-13)

- 호렙산 바위 위에서 물이 나오다(출17:6)
- 하나님을 대신해 만든 금송아지와 재앙을 내리시는 주님(출32:3)
- 가나안땅 정탐과 40년 광야 생활로 심판하시는 주님(민13-14장)
- 가데스에서 바위를 두 번 쳐서 물이 나오게 한 모세(민20:9-12)
- 호르산에서 백성들의 원망과 불 뱀(민21:4-9)
- 싯담에서의 바알신 음행과 염병(민25:1-9)

"이 백성이 참으로 목이 곧은 백성이다. 그러니 나를 말리지 마라.(출32:9)

내가 그들 때문에 진노해 그들을 쓸어 버리겠다.

그러나 너만은 살려주어 큰 민족이 되게 하겠다."

모세가 주님께 애원했다.(출32:11)

"주의 종 아브라함과 이삭과 이스라엘을 기억해 주십시오.

주님께서 친히 스스로 맹세하시며 그들에게 '내가 네 자손을 하늘의 별처럼 번성하게 해 주고 약속한 땅을 네 후손에게 주어 영원한 기업이 되게 하겠다'라고 말씀하셨습니다."(출32:13)

모세가 이렇게 애원하자 주님이 마음을 돌이켜 주님의 백성에게 내리려고 하던 재앙을 거두었다.(출32:14)

모세가 선포하는 율법: 십계명 — 첫 언약 / 조상과 세운 언약이 아닌 이스라엘 민족과의 언약

이스라엘 백성이 르비딤을 떠나 시내 광야에 이르러,

이집트를 떠난 지 셋째 달 초하루가 되는 날 시내산이 바라보이는 곳에 진을 쳤다.(출19:1)

주님이 산에서 모세를 부르며 말했다.

"네가 야곱의 후손인 이스라엘 백성에게 이렇게 일러라.(출19:3)

이제 너희는 내 말을 잘 듣고 내가 세워 주는 언약을 잘 지켜라.

그러면 너희가 모든 민족 가운데서 내 보물이 될 것이다. 온 세상이 다 내 것 아니냐?

그래서 너희가 나를 섬기는 제사장 나라가 되고 거룩한 민족이 될 것이다."(출19:5-6)

십계명(출애굽기 20장, 신명기 5장)

주 우리의 하나님께서 호렙 산에서 우리와 언약을 맺으셨다.

그 언약은 우리 조상과 맺은 것이 아니라,

오늘 이 자리에 있는 우리 모두와 맺은 것이다.(신명기5:2-3)

주님께서 이렇게 말씀하셨다.

"나는 너희를 너희가 종살이하던 이집트 땅에서 이끌어 낸 주 너희 하나님이다."(출20:1-2, 신5:6)

① 너는 나 외에는 다른 신들을 네게 두지 말라.

② 너를 위하여 새긴 우상을 만들거나 섬기지 말라.

③ 하나님의 이름을 망령되이 부르지 말라.

④ 안식일을 기억하여 거룩히 지키라.

⑤ 네 부모를 공경하라.

⑥ 살인하지 말라.

⑦ 간음하지 말라.

⑧ 도둑질하지 말라.

⑨ 네 이웃에 대하여 거짓 증언을 하지 말라.

⑩ 네 이웃의 소유를 탐내지 말라.

(로마서 3장)
19. 우리가 알거니와 무릇 율법이 말하는 바는 율법 아래 있는 자들에게 말하는 것이니 이는 모든 입을 막고 온 세상으로 하나님의 심판 아래 있게 하려 함이니라
20. 그러므로 율법의 행위로 그의 앞에 의롭다 하심을 얻을 육체가 없나니 율법으로는 죄를 깨달음이니라

하나님이 쓰신 증거판

주님이 시내산에서 모세에게 말하기를 마치고 손수 돌판에 쓴 증거판 두 개를 그에게 주었다.(출31:18)

모세가 손에 증거판 두 개를 들고 산에서 내려왔다.(출32:15)

그 증거판 앞뒤에는 글이 새겨져 있었다. 이 증거판은 하나님이 만들었고 글도 하나님이 손수 새겼다.(출31:16)

깨트린 증거판

모세가 진영 가까이 이르러 보니 수송아지 신상을 둘러싸고 백성들이 춤추고 있었다. 모세가 격분한 나머지 들고 있던 증거판을 내던져 증거판이 깨졌다.(출32:19)

모세가 주님께 아뢰었다.

"이 백성이 금으로 신상을 만들어 큰 죄를 지었습니다. 그러나 이제 그들의 죄를 용서해 주십시오. 그렇게 하지 않으시려면 주님께서 쓰신 책에서 제 이름을 지워 주십시오."(출32:31-32)

주님이 모세에게 대답했다.

"누구든지 내게 죄를 지은 사람은 그 사람의 이름만 내 책에서 지운다."(출32:33)

그 뒤에 주님이, 수송아지 신상을 만든 죄로 인해 이스라엘 백성에게 재앙을 내렸다.(출32:35)

다시 쓴 증거판

주님이 모세에게 말했다. "돌판 두 개를 처음 것과 같은 모양으로 다듬어 놓아라. 그러면 네가 깨뜨린 처음 돌판에 썼던 말들을 다시 새겨 주겠다.(출34:1)

모세는 산 위에서 주님과 함께 40일 밤낮을 먹지도 마시지도 않고 지냈다. 주님이 언약의 말씀, 곧 십계명을 돌판에 새겨 주었다.(출34:28)

모세가 증거의 두 개를 들고 시내산에서 내려왔다. 주님과 대화를 나

누었기 때문에 모세의 얼굴에 광채가 났지만 모세 자신은 그 사실을 몰랐다.(출34:29)

(히브리서 7장)
18. 전엣 계명이 연약하며 무익하므로 폐하고
19. (율법은 아무 것도 온전케 못할찌라) 이에 더 좋은 소망이 생기니 이것으로 우리가 하나님께 가까이 가느니라
20. 또 예수께서 제사장 된 것은 맹세 없이 된 것이 아니니
21. (저희는 맹세 없이 제사장이 되었으되 오직 예수는 자기에게 말씀하신 자로 말미암아 맹세로 되신 것이라 주께서 맹세하시고 뉘우치지 아니하시리니 네가 영원히 제사장이라 하셨도다)
22. 이와 같이 예수는 더 좋은 언약의 보증이 되셨느니라

(고린도후서 3장)
3. 너희는 우리로 말미암아 나타난 그리스도의 편지니 이는 먹으로 쓴 것이 아니요 오직 살아 계신 하나님의 영으로 한 것이며 또 돌비에 쓴 것이 아니요 오직 육의 마음판에 쓴 것이라
4. 우리가 그리스도로 말미암아 하나님을 향하여 이같은 확신이 있으니
5. 우리가 무슨 일이든지 우리에게서 난 것 같이 스스로 만족할 것이 아니니 우리의 만족은 오직 하나님으로부터 나느니라
6. 그가 또 우리로 새 언약의 일꾼 되기에 만족하게 하셨으니 의문으로 하지 아니하고 오직 영으로 함이니 율법 조문은 죽이는 것이요 영은 살리는 것이니라

아론의 제사장 직분과 레위인

그들의 지을 옷은 이러하니 곧 흉패와 에봇과 겉옷과 반포 속옷과 관과 띠라 그들이 네 형 아론과 그 아들들을 위하여 거룩한 옷을 지어 아론으로 내게 제사장 직분을 행하게 할지며.(출28:4)

그 두 보석을 에봇 두 견대에 붙여 이스라엘 아들들의 기념 보석을 삼되 아론이 여호와 앞에서 그들의 이름을 그 두 어깨에 메어서 기념이 되게 할지며.(출28:12)

너는 판결 흉패를 에봇 짜는 법으로 금실과 청색 자색 홍색실과 가늘게 꼰 베실로 공교히 짜서 만들되.(출28:15)

이 보석들은 이스라엘 아들들의 이름대로 열 둘이라 매 보석에 열 두 지파의 한 이름씩 인을 새기는 법으로 새기고.(출28:21)

아론이 성소에 들어갈 때에는 이스라엘 아들들의 이름을 기록한 이 판결 흉패를 가슴에 붙여 여호와 앞에 영원한 기념을 삼을 것이니라.(출28:29)

너는 우림과 둠밈을 판결 흉패 안에 넣어 아론으로 여호와 앞에 들어갈 때에 그 가슴 위에 있게 하라 아론이 여호와 앞에서 이스라엘 자손의 판결을 항상 그 가슴 위에 둘지니라.(출28:30)

아론이 입고 여호와를 섬기러 성소에 들어갈 때와 성소에서 나갈 때에 그 소리가 들릴 것이라 그리하면 그가 죽지 아니하리라.(출28:35)

너는 아론의 아들들을 위하여 속옷을 만들며 그들을 위하여 띠를 만들며 그들을 위하여 관을 만들어서 영화롭고 아름답게 하되

너는 그것들로 네 형 아론과 그와 함께한 그 아들들에게 입히고 그들에게 기름을 부어 위임하고 거룩하게 하여 그들로 제사장 직분을 내게 행하게 할지며.(출28:40-41)

아론과 그 아들들이 회막에 들어갈 때에나 제단에 가까이 하여 거룩한 곳에서 섬길 때에 그것들을 입어야 죄를 지어서 죽지 아니하리니 그와 그의 후손의 영원히 지킬 규례니라.(출28:43)

너는 그들에게 나를 섬길 제사장 직분을 위임하여 그들로 거룩하게 할 일이 이러하니 곧 젊은 수소 하나와 흠 없는 수양 둘을 취하고.(출29:1)

아론과 그 아들들에게 띠를 띠우며 관을 씌워서 제사장의 직분을 그들에게 맡겨 영원한 규례가 되게 하라 너는 이같이 아론과 그 아들들에게 위임하여 거룩하게 할지니라.(출29:9)

제사직을 행할 때에 입는 공교히 짠 의복 곧 제사장 아론의 성의와 그 아들들의 옷과(출31:10) 관유와 성소의 향기로운 향이라 무릇 내가 네게 명한대로 만들지니라.(출31:11)

(히브리서 5장)

1. 대제사장마다 사람 가운데서 취한자이므로 하나님께 속한 일에 사람을 위하여 예물과 속죄하는 제사를 드리게 하나니

2. 저가 무식하고 미혹한 자를 능히 용납할 수 있는 것은 자기도 연약에 싸여 있음이니라

3. 이러므로 백성을 위하여 속죄제를 드림과 같이 또한 자기를 위하여 드리는 것이 마땅하니라

4. 이 존귀는 아무나 스스로 취하지 못하고 오직 아론과 같이 하나님의 부르심을 입은 자라야 할 것이니라

5. 또한 이와 같이 그리스도께서 대제사장 되심도 스스로 영광을 취하심이 아니요 오직 말씀하신 이가 저더러 이르시되 너는 내 아들이니 내가 오늘날 너를 낳았다 하셨고

6. 또한 이와 같이 다른 데 말씀하시되 네가 영원히 멜기세덱의 반차를 좇는 제사장이라 하셨으니

7. 그는 육체에 계실 때에 자기를 죽음에서 능히 구원하실 이에게 심한 통곡과 눈물로 간구와 소원을 올렸고 그의 경외하심을 인하여 들으심을 얻었느니라

8. 그가 아들이시라도 받으신 고난으로 순종함을 배워서

9. 온전하게 되었은즉 자기를 순종하는 모든 자에게 영원한 구원의 근원이 되시고

10. 하나님께 멜기세덱의 반차를 좇은 대제사장이라 칭하심을 받았느니라
11. 멜기세덱에 관하여는 우리가 할 말이 많으나 너희의 듣는 것이 둔하므로 해석하기 어려우니라
12. 때가 오래므로 너희가 마땅히 선생이 될 터인데 너희가 다시 하나님의 말씀의 초보가 무엇인지 누구에게 가르침을 받아야 할 것이니 젖이나 먹고 단단한 식물을 못 먹을 자가 되었도다
13. 대저 젖을 먹는 자마다 어린 아이니 의의 말씀을 경험하지 못한 자요
14. 단단한 식물은 장성한 자의 것이니 저희는 지각을 사용하므로 연단을 받아 선악을 분변하는 자들이니라

이스라엘 자손에게 고하여 이르라 너희 중에 누구든지 여호와께 예물을 드리려거든 생축 중에서 소나 양으로 드릴지니라.(레1:2)

그가 번제물의 머리에 안수할지니 그리하면 열납되어 그를 위하여 속죄가 될 것이다.(레1:4)

그는 여호와 앞에서 그 수송아지를 잡을 것이요 아론의 자손 제사장들은 그 피를 가져다가 회막문 앞 단 사면에 뿌릴 것이며.(레1:5)

아론의 자손 제사장들은 그 뜬 각과 머리와 기름을 단 윗 불 위에 있는 나무에 벌여 놓을 것이며.(레1:8)

레위 지파로 나아와 제사장 아론 앞에 서서 그에게 시종하게 하라.(민3:6)

너는 레위인을 아론과 그 아들들에게 주라. 그들은 이스라엘 자손 중에서 아론에게 온전히 돌리운 자니라.(민3:9)

너는 아론과 그 아들들을 세워 제사장 직분을 행하게 하라 외인이 가까이 하면 죽임을 당할 것이니라.(민3:10)

보라 내가 이스라엘 자손 중에서 레위인을 택하여 이스라엘 자손 중 모든 첫 태에 처음 난 자를 대신케 하였은즉 레위인은 내 것이라.(민3:12)

(히브리서 7장)
23. 저희 제사장 된 자의 수효가 많은 것은 죽음을 인하여 항상 있지 못함
이로되
24. 예수는 영원히 계시므로 그 제사 직분도 갈리지 아니하나니
25. 그러므로 자기를 힘입어 하나님께 나아가는 자들을 온전히 구원하실
수 있으니 이는 그가 항상 살아서 저희를 위하여 간구하심이니라
26. 이러한 대제사장은 우리에게 합당하니 거룩하고 악이 없고 더러움이
없고 죄인에게서 떠나 계시고 하늘보다 높이 되신 자라
27. 저가 저 대제사장들이 먼저 자기 죄를 위하고 다음에 백성의 죄를 위하
여 날마다 제사 드리는 것과 같이 할 필요가 없으니 이는 저가 단번에 자기
를 드려 이루셨음이니라
28. 율법은 약점을 가진 사람들을 제사장으로 세웠거니와 율법 후에 하신
맹세의 말씀은 영원히 온전케 되신 아들을 세우셨느니라

이스라엘 백성에게 주는 율법과 규례 / 레위기

레위기는 하나님이 모세를 통해 이스라엘 백성에게 준 율법과 규례입니다.

5대 제사

번제: 희생 제물을 불에 태워 그 냄새를 하나님께 피워 올리는 제사.

소제: 유일하게 동물이 아닌 곡물로 예물을 삼아 드리는 피 없는 제사.

화목제: 하나님과 인간 사이 그리고 인간과 인간 사이의 화평과 친교를 나타내는 제사.

속죄제: 죄를 지은 자가 죄 사함을 얻기 위하여 드리는 제사.

속건제: 인간이나 하나님의 성물에 대해 범한 죄를 속함 받기 위해 드리는 제사.

(히브리서 9장)

11. 그리스도께서 장래 좋은 일의 대제사장으로 오사 손으로 짓지 아니한 곧 이 창조에 속하지 아니한 더 크고 온전한 장막으로 말미암아

12. 염소와 송아지의 피로 아니하고 오직 자기 피로 영원한 속죄를 이루사 단번에 성소에 들어가셨느니라

13. 염소와 황소의 피와 및 암송아지의 재로 부정한 자에게 뿌려 그 육체를 정결케 하여 거룩케 하거든

14. 하물며 영원하신 성령으로 말미암아 흠 없는 자기를 하나님께 드린 그

리스도의 피가 어찌 너희 양심으로 죽은 행실에서 깨끗하게 하고 살아계신 하나님을 섬기게 못하겠느뇨
15. 이를 인하여 그는 새 언약의 중보니 이는 첫 언약 때에 범한 죄를 속하려고 죽으사 부르심을 입은 자로 하여금 영원한 기업의 약속을 얻게 하려 하심이니라

하나님이 함께하시겠다는 성막, 성소, 지성소

여호와께서 모세에게 일러 가라사대

이스라엘 자손에게 명하여 내게 예물을 가져오라 하고 무릇 즐거운 마음으로 내는 자에게서 내게 드리는 것을 너희는 받을 지니라.(출25:1-2)

내가 그들 중에 거할 성소를 그들을 시켜 나를 위하여 짓되 (출25:8) 성막과 거기에서 쓸 모든 기구들은 내가 너에게 보여 주는 양식대로 만들어야 한다.(출25:9)

아카시아 나무로 궤를 만들어라.(출25:10)

궤 속에는 내가 너에게 줄 증거판을 넣어라.(출25:21)

거기서 내가 너와 만나고 속죄소 위 곧 증거궤 위에 있는 두 그룹 사이에서 내가 이스라엘 자손을 위하여 네게 명할 모든 일을 네게 명하리라.(출25:22)

너는 열 폭 천으로 성막을 만들어라.(출26:1)

이렇게 산에서 내가 보여 준 양식대로 성막을 세워라.(출26:30)

청색 실, 자주색 실, 홍색 실, 가늘게 꼰 베실로 그룹 무늬를 놓아가며 휘장을 짜라.(출26:31)

이 휘장이 성소와 지성소를 구분하게 된다.(출26:33)

(마태복음 27장, 누23:45, 막15:38)
50. 예수께서 다시 크게 소리 지르시고 영혼이 떠나시다
51. 이에 성소 휘장이 위로부터 아래까지 찢어져 둘이 되고

(히브리서 10장)
19. 그러므로 형제들아 우리가 예수의 피를 힘입어 성소에 들어갈 담력을 얻었나니
20. 그 길은 우리를 위하여 휘장 가운데로 열어 놓으신 새롭고 산 길이요 휘장은 곧 저의 육체니라
21. 또 하나님의 집 다스리는 큰 제사장이 계시매
22. 우리가 마음에 뿌림을 받아 양심의 악을 깨닫고 몸을 맑은 물로 씻었으니 참 마음과 온전한 믿음으로 하나님께 나아가자

지성소에 둔 증거궤를 속죄판으로 덮어라.(출26:34)

아론의 싹 난 지팡이를 다시 증거궤 앞에 가져다 놓아 반역하는 자들의 경고가 되게 해라.(민17:10)

이스라엘 백성들은 성막 위에 구름이 머물러 있는 동안에는 진영에 머물렀고 구름이 걷히면 진을 거두어 행진했다.(출40:36-37)

이렇게 이스라엘 백성이 행진하는 동안 낮에는 구름이 성막을 덮어 주었고, 밤에는 그 구름에서 불을 비추어 주어 그들의 길을 밝혀 주었다.(출40:38)

성막: 광야 생활부터 솔로몬 성전이 완성되기까지 이스라엘 백성이 하나님께 제사를 드리던 거룩한 처소이다.

성소: 제사장이 하나님에게 제물을 바치고 의식을 베풀던 곳이다.

지성소: 성소 안쪽에 하나님이 있는 가장 거룩한 곳으로 대사제만이

해마다 한 번 들어갈 수 있으며 그 속에 증거궤가 있었다.

증거궤(언약궤): 십계명의 두 돌판을 안치해 놓은 궤로서 증거궤는 성막 중 가장 거룩한 곳인 지성소에 위치했다.(출26:34)

(히브리서 9장)

1. 첫 언약에도 섬기는 예법과 세상에 속한 성소가 있더라
2. 예비한 첫 장막이 있고 그 안에 등대와 상과 진설병이 있으니 이는 성소라 일컫고
3. 또 둘째 휘장 뒤에 있는 장막을 지성소라 일컫나니
4. 금향로와 사면을 금으로 싼 언약궤가 있고 그 안에 만나를 담은 금항아리와 아론의 싹 난 지팡이와 언약의 비석들이 있고
5. 그 위에 속죄소를 덮는 영광의 그룹들이 있으니 이것들에 관하여는 이제 낱낱이 말할 수 없노라
6. 이 모든 것을 이같이 예비하였으니 제사장들이 항상 첫 장막에 들어가 섬기는 예를 행하고
7. 오직 둘째 장막은 대제사장이 홀로 일년 일차씩 들어가되 피 없이는 아니하나니 이 피는 자기와 백성의 허물을 위하여 드리는 것이라
8. 성령이 이로써 보이신 것은 첫장막이 서 있을 동안에 성소에 들어가는 길이 아직 나타나지 아니한 것이라
9. 이 장막은 현재까지의 비유니 이에 의지하여 드리는 예물과 제사가 섬기는 자로 그 양심상으로 온전케 할 수 없나니
10. 이런 것은 먹고 마시는 것과 여러 가지 씻는 것과 함께 육체의 예법만 되어 개혁할 때까지 맡겨 둔 것이니라
11. 그리스도께서 장래 좋은 일의 대제사장으로 오사 손으로 짓지 아니한 곧 이 창조에 속하지 아니한 더 크고 온전한 장막으로 말미암아
12. 염소와 송아지의 피로 아니하고 오직 자기 피로 영원한 속죄를 이루사 단번에 성소에 들어가셨느니라

왕정 시대의 시작 — 이스라엘 왕조

사울, 다윗, 솔로몬이 40년씩 통치함으로 겨우 120년간 통일 왕국을 유지하고, 12지파의 이스라엘은 솔로몬의 아들인 르호보암 때에 북쪽 이스라엘과 남쪽 유다로 양분됩니다.

북이스라엘은 여로보암을 포함 19명의 왕이 다스리다 B.C. 721년, 앗수르에 의해 멸망하고, 남유다는 르호보암을 시작으로 20명의 왕이 통치하다 B.C. 586년, 바벨론에게 멸망하게 됩니다.

이스라엘 왕조의 시작, 사울이 왕이 되다

그에게 이르되 보소서 당신은 늙고 당신의 아들들은 당신의 행위를 따르지 아니하니 열방과 같이 우리에게 왕을 세워 우리를 다스리게 하소서 한지라.(삼상8:5)

우리에게 왕을 주어 우리를 다스리게 하라 한 그것을 사무엘이 기뻐하지 아니하여 여호와께 기도하매.(삼상8:6)

여호와께서 사무엘에게 이르시되 백성이 네게 한 말을 다 들으라 그들이 너를 버림이 아니요 나를 버려 자기들의 왕이 되지 못하게 함이니라.(삼상8:7)

사울이 왕이 될 때에 사십세라.(삼상13:1)

다윗이 왕이 되다

이에 이스라엘 모든 장로가 헤브론에 이르러 왕에게 나아오매 다윗왕이 헤브론에서 여호와 앞에서 저희와 언약을 세우매 저희가 다윗에게 기름을 부어 이스라엘 왕을 삼으니라.(삼하5:3)

다윗이 삼십세에 위에 나아가서 사십년을 다스렸으되(삼하5:4) 헤브론에서 칠년 육개월 동안 유다를 다스렸고 예루살렘에서 삼십 삼년 동안 온 이스라엘과 유다를 다스렸더라.(삼하5:5)

솔로몬이 왕이 되다

저를 따라 올라오라. 저가 와서 내 위에 앉아 나를 대신하여 왕이 되리라 내가 저를 세워 이스라엘과 유다의 주권자가 되게 하기로 작정하였느니라.(왕상1:35)

과연 우리 주 다윗왕이 솔로몬으로 왕을 삼으셨나이다.(왕상1:43)

솔로몬이 나라 위에 앉았고.(왕상1:46)

이스라엘이 북이스라엘과 남유다로 양분되다

솔로몬이 마음을 돌이켜 이스라엘 하나님 여호와를 떠나므로 여호와께서 저에게 진노하시니라. 여호와께서 일찌기 두번이나 저에게 나타나시고,(왕상11:9)

여호와께서 솔로몬에게 말씀하시되 네게 이러한 일이 있었고 또 네가 나의 언약과 내가 네게 명한 법도를 지키지 아니하였으니 내가 결단코 이 나라를 네게서 빼앗아 네 신복에게 주리라.(왕상11:11)

여로보암에게 이르되 너는 열 조각을 취하라. 이스라엘 하나님 여호

와의 말씀이 내가 이 나라를 솔로몬의 손에서 찢어 빼앗아 열 지파를 네게 주고,(왕상11:31)

내가 그 아들의 손에서 나라를 빼앗아 그 열 지파를 네게 줄 것이요(왕상11:35)

네가 만일 내가 명한 모든 일에 순종하고 내 길로 행하며 내 눈에 합당한 일을 하며 내 종 다윗의 행함 같이 내 율례와 명령을 지키면 내가 너와 함께 있어 내가 다윗을 위하여 세운것 같이 너를 위하여 견고한 집을 세우고 이스라엘을 네게 주리라.(왕상11:38)

여로보암의 죄

만일 이 백성이 예루살렘에 있는 여호와의 전에 제사를 드리고자 하여 올라가면 이 백성의 마음이 유다 왕 된 그 주 르호보암에게로 돌아가서 나를 죽이고 유다 왕 르호보암에게로 돌아가리로다 하고.(왕상12:27)

이에 계획하고 두 금송아지를 만들고 무리에게 말하기를 너희가 다시는 예루살렘에 올라갈 것이 없도다 이스라엘아 이는 너희를 애굽 땅에서 인도하여 올린 너희 신이라 하고.(왕상12:28)

이 일이 죄가 되었으니 이는 백성들이 단까지 가서 그 하나에게 숭배함이더라.(왕상12:30)

나 여호와가 이르노라 이스라엘 족속아 이 토기장이의 하는것 같이 내가 능히 너희에게 행하지 못하겠느냐 이스라엘 족속아 진흙이 토기장이의 손에 있음 같이 너희가 내 손에 있느니라.(렘18:6)

내가 언제든지 어느 민족이나 국가를 뽑거나 파하거나 멸하리라 한다고 하자.

만일 나의 말한 그 민족이 그 악에서 돌이키면 내가 그에게 내리기로 생각하였던 재앙에 대하여 뜻을 돌이키겠고.

내가 언제든지 어느 민족이나 국가를 건설하거나 심으리라 한다고 하자.

만일 그들이 나 보기에 악한 것을 행하여 내 목소리를 청종치 아니하면 내가 그에게 유익케 하리라 한 선에 대하여 뜻을 돌이키리라.(렘 18:7-10)

그러므로 이제 너는 유다 사람들과 예루살렘 거민들에게 말하여 이르기를 여호와의 말씀에 보라,

내가 너희에게 재앙을 내리며 계책을 베풀어 너희를 치려하노니,

너희는 각기 악한 길에서 돌이키며 너희 길과 행위를 선하게 하라 하셨다 하라.

그러나 그들이 말하기를 이는 헛된 말이라,

우리는 우리의 뜻대로 행하며 우리는 각기 악한 마음의 강퍅한대로 행하리라 하느니라.(렘18:11-12)

나 여호와가 말하노라.

보라 때가 이르리니, 내가 다윗에게 한 의로운 가지를 일으킬 것이라.

그가 왕이 되어 지혜롭게 행사하며 세상에서 공평과 정의를 행할 것이며,

그의 날에 유다는 구원을 얻겠고,
이스라엘은 평안히 거할 것이며,
그 이름은 여호와 우리의 의라 일컬음을 받으리라.(렘23:6)

스데반의 설교로 보는 이스라엘의 역사
— 부르심과 불순종

구약은 하나님께 불순종한 기록입니다. 이러한 이스라엘의 역사를 스데반이 일목요연하게 정리하여 설교합니다.

사도행전 7장

2. 스데반이 가로되 여러분 부형들이여 들으소서 우리 조상 아브라함이 하란에 있기 전 메소보다미아에 있을 때에 영광의 하나님이 그에게 보여
3. 가라사대 네 고향과 친척을 떠나 내가 네게 보일 땅으로 가라 하시니
4. 아브라함이 갈대아 사람의 땅을 떠나 하란에 거하다가 그 아비가 죽으매 하나님이 그를 거기서 너희가 지금 거하는 이 땅으로 옮기셨느니라
5. 그러나 여기서 발 붙일만큼도 유업을 주지 아니하시고 다만 이 땅을 아직 자식도 없는 저와 저의 후손에게 소유로 주신다고 약속하셨으며
6. 하나님이 또 이같이 말씀하시되 그 후손이 다른 땅에 나그네 되리니 그 땅 사람이 종을 삼아 사백 년 동안을 괴롭게 하리라 하시고

7. 또 이르시되 종 삼는 나라를 내가 심판하리니 그 후에 저희가 나와서 이곳에서 나를 섬기리라 하시고
8. 할례의 언약을 아브라함에게 주셨더니 그가 이삭을 낳아 여드레만에 할례를 행하고 이삭이 야곱을, 야곱이 우리 열 두 조상을 낳으니
9. 여러 조상이 요셉을 시기하여 애굽에 팔았더니 하나님이 저와 함께 계셔
10. 그 모든 환난에서 건져내사 애굽 왕 바로 앞에서 은총과 지혜를 주시매 바로가 그를 애굽과 자기 온 집의 통치자로 세웠느니라
11. 그 때에 애굽과 가나안 온 땅에 흉년들어 큰 환난이 있을새 우리 조상들이 양식이 없는지라
12. 야곱이 애굽에 곡식 있다는 말을 듣고 먼저 우리 조상들을 보내고
13. 또 재차 보내매 요셉이 자기 형제들에게 알게 되고 또 요셉의 친족이 바로에게 드러나게 되니라
14. 요셉이 보내어 그 부친 야곱과 온 친족 일흔 다섯 사람을 청하였더니
15. 야곱이 애굽으로 내려가 자기와 우리 조상들이 거기서 죽고
16. 세겜으로 옮기워 아브라함이 세겜 하몰의 자손에게서 은으로 값주고 산 무덤에 장사되니라
17. 하나님이 아브라함에게 약속하신 때가 가까우매 이스라엘 백성이 애굽에서 번성하여 많아졌더니
18. 요셉을 알지 못하는 새 임금이 애굽 왕위에 오르매
19. 그가 우리 족속에게 궤계를 써서 조상들을 괴롭게 하여 그 어린 아이들을 내어버려 살지 못하게 하려 할새
20. 그 때에 모세가 났는데 하나님 보시기에 아름다운지라 그 부친의 집에서 석 달을 길리더니

21. 버리운 후에 바로의 딸이 가져다가 자기 아들로 기르매
22. 모세가 애굽 사람의 학술을 다 배워 그 말과 행사가 능하더라
23. 나이 사십이 되매 그 형제 이스라엘 자손을 돌아볼 생각이 나더니
24. 한 사람의 원통한 일 당함을 보고 보호하여 압제 받는 자를 위하여 원수를 갚아 애굽 사람을 쳐 죽이니라
25. 저는 그 형제들이 하나님께서 자기의 손을 빌어 구원하여 주시는 것을 깨달으리라고 생각하였으나 저희가 깨닫지 못하였더라
26. 이튿날 이스라엘 사람이 싸울 때에 모세가 와서 화목시키려 하여 이르되 너희는 형제라 어찌 서로 해하느냐 하니
27. 그 동무를 해하는 사람이 모세를 밀어뜨려 이르되 누가 너를 관원과 재판장으로 우리 위에 세웠느냐
28. 네가 어제 애굽 사람을 죽임과 같이 또 나를 죽이려느냐 하니
29. 모세가 이 말을 인하여 도주하여 미디안 땅에서 나그네 되어 거기서 아들 둘을 낳으니라
30. 사십 년이 차매 천사가 시내산 광야 가시나무떨기 불꽃 가운데서 그에게 보이거늘
31. 모세가 이 광경을 보고 기이히 여겨 알아보려고 가까이 가니 주의 소리 있어
32. 나는 네 조상의 하나님 즉 아브라함과 이삭과 야곱의 하나님이로라 하신대 모세가 무서워 감히 알아보지 못하더라
33. 주께서 이르시되 네 발의 신을 벗으라 너 섰는 곳은 거룩한 땅이니라
34. 내 백성이 애굽에서 괴로움 받음을 내가 분명히 보고 그 탄식하는 소리를 듣고 저희를 구원하려고 내려왔노니 내가 너를 애굽으

로 보내리라 하시니라
35. 저희 말이 누가 너를 관원과 재판장으로 세웠느냐 하며 거절하던
그 모세를 하나님은 가시나무떨기 가운데서 보이던 천사의 손을
의탁하여 관원과 속량하는 자로 보내셨으니
36. 이 사람이 백성을 인도하여 나오게 하고 애굽과 홍해와 광야에서
사십 년간 기사와 표적을 행하였느니라
37. 이스라엘 자손을 대하여 하나님이 너희 형제 가운데서 나와 같은
선지자를 세우리라 하던 자가 곧 이 모세라
38. 시내산에서 말하던 그 천사와 및 우리 조상들과 함께 광야 교회
에 있었고 또 생명의 도를 받아 우리에게 주던 자가 이 사람이라
39. 우리 조상들이 모세에게 복종치 아니하고자하여 거절하며 그 마
음이 도리어 애굽으로 행하여
40. 아론더러 이르되 우리를 인도할 신들을 우리를 위하여 만들라 애
굽 땅에서 우리를 인도하던 이 모세는 어떻게 되었는지 알지 못
하노라 하고
41. 그 때에 저희가 송아지를 만들어 그 우상 앞에 제사하며 자기 손
으로 만든 것을 기뻐하더니
42. 하나님이 돌이키사 저희를 그 하늘의 군대 섬기는 일에 버려두셨
으니 이는 선지자의 책에 기록된바 이스라엘의 집이여 사십년을
광야에서 너희가 희생과 제물을 내게 드린 일이 있었느냐
43. 몰록의 장막과 신 레판의 별을 받들었음이여 이것은 너희가 절하
고자 하여 만든 형상이로다 내가 너희를 바벨론 밖에 옮기리라
함과 같으니라
44. 광야에서 우리 조상들에게 증거의 장막이 있었으니 이것은 모세에
게 말씀하신 이가 명하사 저가 본 그 식대로 만들게 하신 것이라

45. 우리 조상들이 그것을 받아 하나님이 저희 앞에서 쫓아내신 이방
인의 땅을 점령할 때에 여호수아와 함께 가지고 들어가서 다윗
때까지 이르니라
46. 다윗이 하나님 앞에서 은혜를 받아 야곱의 집을 위하여 하나님의
처소를 준비케 하여 달라 하더니
47. 솔로몬이 그를 위하여 집을 지었느니라
48. 그러나 지극히 높으신 이는 손으로 지은 곳에 계시지 아니하시나
니 선지자의 말한바
49. 주께서 가라사대 하늘은 나의 보좌요 땅은 나의 발등상이니 너희
가 나를 위하여 무슨 집을 짓겠으며 나의 안식할 처소가 어디뇨
50. 이 모든 것이 다 내 손으로 지은 것이 아니냐 함과 같으니라
51. 목이 곧고 마음과 귀에 할례를 받지 못한 사람들아 너희가 항상
성령을 거스려 너희 조상과 같이 너희도 하는도다
52. 너희 조상들은 선지자 중에 누구를 핍박지 아니하였느냐 의인이
오시리라 예고한 자들을 저희가 죽였고 이제 너희는 그 의인을
잡아준 자요 살인한 자가 되나니
53. 너희가 천사의 전한 율법을 받고도 지키지 아니하였도다 하니라

모세가 모압 땅(시온산)에서 선포한 두 번째 언약과 예레미야의 새 언약

"네 열조 아브라함과 이삭과 야곱에게 맹세하신 대로 오늘날 너를 세워 자기 백성을 삼으시고 자기는 친히 네 하나님이 되시려 함이니라 내가 이스라엘 집과 유다 집에 새 언약을 세우리라 곧 내가 나의 법을 그들의 속에 두며 그 마음에 기록하여 나는 그들의 하나님이 되고 그들은 내 백성이 될 것이라"

(히브리서 9장)
15. 이를 인하여 그는 새 언약의 중보니 이는 첫 언약 때에 범한 죄를 속하려고 죽으사 부르심을 입은 자로 하여금 영원한 기업의 약속을 얻게 하려 하심이니라

(히브리서 12장)
24. 새 언약의 중보이신 예수와 및 아벨의 피보다 더 낫게 말하는 뿌린 피니라)대로 오늘 너를 세워 자기 백성을 삼으시고 그는 친히 네 하나님이 되시려 함이니라

이것은 호렙 산에서 이스라엘 자손과 세우신 언약 외에,

모압 땅에서 주께서 이스라엘과 맺으라고 모세에게 명령한 언약의 말씀이다.(신29:1)

오늘 너희가 이렇게 주님 앞에 선 것은,
너희 주 하나님께서 너희와 맺는 언약과 또 복과 저주의 맹세에 너희를 참여시키려는 것이다.(신29:12)

이 언약과 맹세는 이미 너희 조상인 아브라함과 이삭과 야곱에게도 해 주신 것인데,
너희를 하나님의 백성으로 삼으시고 당신께서 친히 너희 하나님이 되시려는 것이다.(신29:13)

그리고 오늘 이 언약은 이 자리에 있는 너희뿐만 아니라 앞으로 태어날 너희 후손과도 세우는 언약이다.(신29:14-15)

(신명기 29장)
1. 호렙에서 이스라엘 자손과 세우신 언약 외에 여호와께서 모세에게 명령하여 모압 땅에서 그들과 세우신 언약의 말씀은 이러하니라
13. 여호와께서 네게 말씀하신 대로 또 네 조상 아브라함과 이삭과 야곱에게 맹세하신 대로 오늘 너를 세워 자기 백성을 삼으시고 그는 친히 네 하나님이 되시려 함이니라
14. 내가 이 언약과 맹세를 너희에게만 세우는 것이 아니라
15. 오늘 우리 하나님 여호와 앞에서 우리와 함께 여기 서 있는 자와 오늘 우리와 함께 여기 있지 아니한 자에게까지이니

너희는 마음에 할례를 행하고 다시는 목을 곧게 하지 말라.(신10:16)

너희 주 하나님께서 너희와 너희 자손들의 마음에 할례를 베풀어 순종하는 마음을 주시면,

너희가 마음과 뜻을 다해 하나님을 사랑하며 살게 되고,

그러면 모든 저주를 너희를 괴롭히는 원수들과 너희를 미워하는 자들에게 내리실 것이다.(신30:6-7)

주님께서 너희 조상에게 복 주시며 기뻐하셨던 것처럼 너희에게도 복 주시는 것을 기뻐하실 것이다.(신30:9)

그러니 너희는 주 하나님의 말씀에 순종하고 이 율법 책에 기록된 모든 명령과 규례를 지키며 너희 마음과 정성을 다해 주 하나님께 돌아와라.(신30:10)

(신명기 10장)
15. 여호와께서 오직 네 조상들을 기뻐하시고 그들을 사랑하사 그들의 후손인 너희를 만민 중에서 택하셨음이 오늘과 같으니라
16. 그러므로 너희는 마음에 할례를 행하고 다시는 목을 곧게 하지 말라

오늘 내가 전하는 이 명령은 너희에게 어려운 것도 아니고 실천할 수 없는 것도 아니다.

너희의 능력이 미치지 못하는 것도 아니다.(신30:11)

그것은 하늘에 있는 것도 아니다.

그러니 누가 하늘에 올라가 그것을 우리에게 가져와 우리가 그것을 실행하게 할 수 있을까? 라고 말하지 마라.

또한 이 명령은 바다 건너에 있는 것도 아니다.

그러니 누가 바다를 건너가 그 명령을 우리에게 가져와 우리가 듣고 실행하게 할 수 있을까? 라고도 말하지 마라.(신30:12-13)

이 명령은 너희 아주 가까운 곳에 있다. 바로 너희 입에 있고 너희 마음에 있다.(신30:14)

보아라. 오늘 내가 너희 앞에 생명과 선 그리고 죽음과 악을 두었다.(신30:15)

나는 오늘 하늘과 땅을 증인으로 세우고 생명과 복 그리고 사망과 저주를 너희 앞에 두었다.

그러니 너희와 너희 후손은 주 하나님을 사랑하고 하나님의 말씀에 순종하며 살기 위해 생명과 복을 택해야 한다.(신30:19)

그렇게 하는 것이 주님께서 너희 조상 아브라함과 이삭과 야곱에게 주겠다고 맹세하신 그 땅에서 너희가 잘살게 되는 길이다.(신30:20)

(신명기 30장)
6. 네 하나님 여호와께서 네 마음과 네 자손의 마음에 할례를 베푸사 너로 마음을 다하며 성품을 다하여 네 하나님 여호와를 사랑하게 하사 너로 생명을 얻게 하실 것이며

주님의 말씀이다.

"앞으로 내가 이스라엘과 유다 백성 전체를 상대로 '새 언약'을 체결하겠다.

이 언약은 내가 그들의 조상을 이집트에서 데려올 때 맺은 언약과는 다르다.

그들은 내가 '주'였음에도 불구하고 나와 맺은 언약을 깨뜨렸다.

그러나 이제 내가 맺는 언약은 돌 판이 아니라 각 사람의 마음에 새기겠다.

그래서 내가 그들의 하나님이 되고 그들이 내 백성이 될 것이다.

내가 그들의 잘못을 용서해 주면 그들이 더 이상 이웃이나 형제들끼리 서로 '너는 주님을 알아라'라는 말을 하지 않게 될 것이다. 작은 사람부터 큰 사람에 이르기까지 모두 다 나를 알 것이기 때문이다."(렘 31:31-34)

(예레미야 31장)
31. 나 여호와가 말하노라 보라 날이 이르리니 내가 이스라엘 집과 유다 집에 새 언약을 맺으리라
32. 이 언약은 내가 그들의 열조의 손을 잡고 애굽 땅에서 인도하여 내던 날에 세운것과 같지 아니할 것은 내가 그들의 남편이 되었어도 그들이 내 언약을 깨뜨렸음이라 여호와의 말씀이니라
33. 나 여호와가 말하노라 그러나 그 날 후에 내가 이스라엘 집과 맺을 언약은 이러하니 곧 내가 나의 법을 그들의 속에 두며 그들의 마음에 기록하여 나는 그들의 하나님이 되고 그들은 내 백성이 될 것이라

내가 그들에게 새 영을 부어 주어 그들의 돌 같은 마음이 부드러운 마음으로 바뀌게 하면,
그들이 내 율례를 지키며 살아 내 백성이 되고 나는 그들의 하나님이 될 것이다.(겔11:19-20)

에스겔 11장
19. 내가 그들에게 한 마음을 주고 그 속에 새 영을 주며 그 몸에서 돌 같은 마음을 제거하고 부드러운 마음을 주어
20. 내 율례를 따르며 내 규례를 지켜 행하게 하리니 그들은 내 백성이 되고 나는 그들의 하나님이 되리라

신약 히브리서의 설명

옛 언약 아래서 죄를 지은 사람에게 염소나 황소의 피 또는 암송아지

의 재를 뿌려 그들을 거룩하게 할 수 있었다면,

하물며 성령의 감동과 자신의 의지를 따라 희생 제물이 되신 그리스도께서 영적으로 죽은 우리를 살리시어 살아 계신 하나님을 섬기게 하지 않으시겠습니까?(히9:13-14)

이 일을 위해 그리스도께서 새 언약의 중보자가 되십니다. 옛 언약 아래서 범죄한 사람들을 구속하기 위해 그리스도께서 죽으셨고, 그의 죽으심으로써 부름받은 사람들이 하늘나라에서 영원한 안식을 누릴 수 있게 된 것입니다.(히9:15)

그리스도께서는 많은 사람의 죄를 짊어지시려고 단 한 번 자신의 몸을 제물로 바치셨습니다. 그래서 다시 오실 때는 또 다시 희생 제물이 되실 필요가 없이 그분을 간절히 기다리는 사람들을 구원해 주실 것입니다.(히9:28)

(히브리서 9장)

14. 하물며 영원하신 성령으로 말미암아 흠 없는 자기를 하나님께 드린 그리스도의 피가 어찌 너희 양심으로 죽은 행실에서 깨끗하게 하고 살아계신 하나님을 섬기게 못하겠느뇨

15. 이를 인하여 그는 새 언약의 중보니 이는 첫 언약 때에 범한 죄를 속하려고 죽으사 부르심을 입은 자로 하여금 영원한 기업의 약속을 얻게 하려 하심이니라

16. 유언은 유언한 자가 죽어야 되나니

17. 유언은 그 사람이 죽은 후에야 견고한즉 유언한 자가 살았을 때에는 언제든지 효력이 없느니라

18. 이러므로 첫 언약도 피 없이 세운 것이 아니니

19. 모세가 율법대로 모든 계명을 온 백성에게 말한 후에 송아지와 염소의
피와 및 물과 붉은 양털과 우슬초를 취하여 그 책과 온 백성에게 뿌려
20. 이르되 이는 하나님이 너희에게 명하신 언약의 피라 하고
21. 또한 이와 같이 피로써 장막과 섬기는 일에 쓰는 모든 그릇에 뿌렸느니라
22. 율법을 좇아 거의 모든 물건이 피로써 정결케 되나니 피흘림이 없은즉
사함이 없느니라
23. 그러므로 하늘에 있는 것들의 모형은 이런 것들로써 정결케 할 필요가
있었으나 하늘에 있는 그것들은 이런 것들보다 더 좋은 제물로 할지니라
24. 그리스도께서는 참 것의 그림자인 손으로 만든 성소에 들어가지 아니
하시고 오직 참 하늘에 들어가사 이제 우리를 위하여 하나님 앞에 나타나
시고
25. 대제사장이 해마다 다른 것의 피로써 성소에 들어가는 것같이 자주 자
기를 드리려고 아니하실지니
26. 그리하면 그가 세상을 창조할 때부터 자주 고난을 받았어야 할 것이로
되 이제 자기를 단번에 제사로 드려 죄를 없게 하시려고 세상 끝에 나타나
셨느니라
27. 한번 죽는 것은 사람에게 정하신 것이요 그 후에는 심판이 있으리니
28. 이와 같이 그리스도도 많은 사람의 죄를 담당하시려고 단번에 드리신
바 되셨고 구원에 이르게 하기 위하여 죄와 상관 없이 자기를 바라는 자들
에게 두 번째 나타나시리라

아브라함에게 약속한 언약과 성취 확인 — 신약 말씀 확인

두 번째 언약, 새 언약, 그리스도의 법을 예표하심을 설명하는 히브리서, 갈라디아서의 말씀.

다시 한번 하나님의 언약을 생각해 보겠습니다.

하나님이 창세기에서 아담에게 죄를 짓게 한 뱀(옛뱀, 사탄)의 머리를 상하게 할 여자의 후손을 보내 주신다는 말씀이 언약의 시초입니다.

하나님이 이 언약의 말씀을 기억하시고 노아의 홍수 이후에 아브라함을 갈대아 우르에서 불러 믿음의 조상으로 세우며 그 언약의 말씀을 이루어 가기 위하여 기록하신 것이 성경입니다.

하나님의 믿음의 언약은 아브라함과 이삭과 야곱의 가계를 통해 이어가게 하였습니다.

야곱이 유다에게 마지막 예언의 축복을 함으로 아브라함과 유다 지파의 다윗을 통해 그리스도가 나오게 됨을 성경을 통해 말씀하시고 그 말씀이 이루어지길 기다리게 합니다.

여자의 후손을 보내 주신다는 하나님의 말씀을 마음에 깊이 새기고 경외한 여인이 유다의 며느리 다말입니다. 사람이 갖고 있는 생각과 사상으로는 도저히 불가능한 선택을 한 다말의 그 믿음을 하나님은 의로 여겨 주시고 다말을 통해 여자의 후손을 이루어 가십니다.

하나님은 하나님만을 경외하는 여인들인 라합, 룻, 우리야의 아내, 마리아로 그리스도의 계보를 완성하십니다. 하나님은 하나님이 정하시는 방법으로 믿음의 자손을 세워 놓으신 것입니다.

이것은 하나님이 살아 계신 하나님을 알리기 위한 하나님의 방법입니다.

이렇게 살아 계신 하나님을 보여 주시며 그 하나님을 믿는 이들인 여자들로 하여금 그리스도의 계보를 완성하게 하신 것입니다.

하나님이 아브라함과 이삭과 야곱에게 세우신 영원한 언약인 네 후손에게 주실 복과 언약을 모세를 통해 모압 땅에서 두 번째 언약으로 선포하게 하십니다. 그리고 예레미야 선지자를 통해 새 언약으로 선포하게 하십니다.

하나님이 모세와 다윗을 세워 주면서 이스라엘 백성이 하나님을 사랑하고 율법으로 살아 내기를 얼마나 원하셨겠습니까? 그러나 사람은 율법으로는 선해질 수 없다는 것을 아신 하나님의 예언적 선포입니다.

그것은 후대들에게 하나님이 얼마나 사람이 거룩한 삶을 살기 원하시는지를 나타내는 기록입니다.

이렇게 그리스도는 하나님을 믿는 믿음 안에서 새 언약의 중보자로 보내심을 받게 됩니다.

그리스도를 통해 그리스도의 법을 마음에 새기고 생각에 기록하게 하려는 영원한 언약의 성취인 것입니다. 우리의 마음에 그리스도의 법을 두고 생각에 기록하여 성취하게 해 주실 생명의 성령의 법인 것입니다. 이를 통해 하나님의 일하심이 천지 창조부터 지금까지 이루어지고 있음을 알게 하는 것입니다.

하나님의 일하심은 십자가에서 이루어 놓은 믿음의 구원의 시작이 경건의 훈련으로 성취되어 그리스도의 일꾼이 되기를 바라는 것입니다.

이렇듯 우리의 삶은 하나님이 선한 삶을 살도록 도와주시는 진리의 성령이 내주하게 하는 전심의 간구와 기도로 성령의 열매를 맺으라는 말씀인 것입니다.

(디모데전서 4장)
4. 하나님께서 지으신 모든 것이 선하매 감사함으로 받으면 버릴 것이 없나니
5. 하나님의 말씀과 기도로 거룩하여짐이라
6. 네가 이것으로 형제를 깨우치면 그리스도 예수의 좋은 일꾼이 되어 믿음의 말씀과 네가 따르는 좋은 교훈으로 양육을 받으리라
7. 망령되고 허탄한 신화를 버리고 경건에 이르도록 네 자신을 연단하라
8. 육체의 연단은 약간의 유익이 있으나 경건은 범사에 유익하니 금생과 내생에 약속이 있느니라

히브리서 기자는 11장에서, 갈라디아서 기자는 3장, 4장에서 다음과 같이 말씀하고 있습니다.

히브리서 11장 본문 말씀을 보겠습니다

믿음은 바라는 것들의 실상이고, 보이지 않는 것들의 증거입니다.(히11:1)

(로마서 8장)
24. 우리가 소망으로 구원을 얻었으매 보이는 소망이 소망이 아니니 보는 것을 누가 바라리요
25. 만일 우리가 보지 못하는 것을 바라면 참음으로 기다릴지니라

우리도 믿음으로 이 세상이 하나님의 말씀으로 창조되었다는 것, 곧 눈에 보이는 것이 보이지 않는 것에서 왔다는 것을 압니다.(히11:3)

(창세기 1장)
1. 태초에 하나님이 천지를 창조하시니라
3. 하나님이 이르시되 빛이 있으라 하시매 빛이 있었고

(요한복음 1장)
1. 태초에 말씀이 계시니라 이 말씀이 하나님과 함께 계셨으니 이 말씀은 곧 하나님이시니라
2. 그가 태초에 하나님과 함께 계셨고
3. 만물이 그로 말미암아 지은바 되었으니 지은 것이 하나도 그가 없이는 된 것이 없느니라
14. 말씀이 육신이 되어 우리 가운데 거하시매 우리가 그 영광을 보니 아버지의 독생자의 영광이요 은혜와 진리가 충만하더라

믿음으로 아벨은 가인보다 더 나은 제물을 하나님께 드려,

하나님께서 그 예물을 받으시고 그를 의인으로 인정해 주셨습니다.

그는 죽었지만 지금도 우리에게 믿음에 대해 교훈을 말해 주고 있습니다.(히11:4)

(창세기 4장)
3. 세월이 지난 후에 가인은 땅의 소산으로 제물을 삼아 여호와께 드렸고
4. 아벨은 자기도 양의 첫 새끼와 그 기름으로 드렸더니 여호와께서 아벨과 그 제물은 받으셨으나
5. 가인과 그의 제물은 받지 아니하신지라 가인이 몹시 분하여 안색이 변하니

믿음으로 노아는 하나님께서 장차 일어날 일을 경고해 주셨을 때, 그

말을 믿고 방주를 마련해 자기 가족을 구하고 세상을 정죄하였으며 믿음에 따른 의의 상속자가 되었습니다.(히11:7)

(창세기 6장)
9. 노아의 사적은 이러하니라 노아는 의인이요 당대에 완전한 자라 그는 하나님과 동행하였으며

하나님께서 아브라함을 불러 장차 그의 몫으로 받을 땅으로 가라고 명했을 때 아브라함이 순종했습니다. 그래서 자기가 가는 곳이 어디인지도 모르고 길을 떠났습니다.(히11:8-9)

(창세기 12장)
1. 여호와께서 아브람에게 이르시되 너는 너의 본토 아비집을 떠나 내가 네게 지시할 땅으로 가라

그는 믿음으로 약속의 땅에 들어가, 훗날 하나님께로부터 같은 약속을 받은 이삭과 야곱과 함께 천막을 치고 나그네로 살았습니다.

아브라함의 아내 사라도 나이가 많아 수태할 수 없는 몸이었지만 하나님께서 약속을 이루어 주신다는 굳은 믿음이 있었기에 어머니가 될 수 있었습니다.

그래서 아기를 갖기에는 너무 늙은 아브라함 한 사람에게서 하늘의 별과 바닷가의 모래알과 같이 셀 수 없을 만큼 많은 후손이 태어나게 되었습니다.(히11:11-12)

하나님께서 아브라함의 믿음을 시험하실 때, 아브라함은 후손을 번성하게 해 주시겠다는 하나님의 약속을 믿었기 때문에, 그의 외아들 이삭을 기꺼이 제물로 바칠 수 있었습니다.

일찍이 하나님께서 아브라함에게 "이삭을 통해서 난 사람이라야 네 후손이라 불릴 것이다"라고 말씀하셨기 때문입니다.

(창세기 21장)
12. 하나님이 아브라함에게 이르시되 네 아이나 네 여종으로 말미암아 근심치 말고 사라가 네게 이른 말을 다 들으라
이삭에게서 나는 자라야 네 씨라 부를 것임이니라

그래서 아브라함은 이삭이 죽더라도 하나님께서 그를 다시 살리실 것으로 믿었던 것입니다.

그러므로 달리 말하면 아브라함은 죽은 아들을 다시 되돌려받은 셈이 됩니다.(히11:17-19)

위에 열거한 사람들은 다 믿음 안에서 죽었습니다.

생전에 가나안 땅에 대한 약속이 성취되지 않았지만 그 약속이 다가오고 있다는 것을 기쁨으로 기다리면서 이 땅에서의 그들의 삶이 나그네에 불과하다는 것을 인정했습니다.(히11:13)

이런 것으로 미루어 보아 그들은 하늘에 있는 본향을 그리워했다는 것을 알 수 있습니다.

만일 그들이 떠나온 고향을 본향으로 생각했다면, 언제든지 돌아갈 기회가 있었습니다.

그러나 그들은 육신의 고향보다는 하늘의 본향을 사모했습니다.

그리고 하나님께서도 그들의 하나님으로 불리는 것을 당연한 것으로 여기시면서 그들을 위해 한 성을 예비하셨습니다.(히11:14-16)

(그가 이렇게 할 수 있었던 것은) 하나님께서 설계하고 세우신 영원한 천국을 바라보았기 때문입니다.(히11:10)

이 사람들은 모두 믿음이 있었기 때문에 하나님의 인정을 받았지만, (그리스도가 다시 오실 때 성취될 영원한 기업의) 약속은 받지 못했습니다.

하나님께서 우리를 위해 준비해 두신 더 좋은 것을 그들에게도 주시려고 기다리라고 했던 것입니다.(히11:39-40)

(디모데후서 4장)
7. 내가 선한 싸움을 싸우고 나의 달려갈 길을 마치고 믿음을 지켰으니
8. 이제 후로는 나를 위하여 의의 면류관이 예비되었으므로 주 곧 의로우신 재판장이 그 날에 내게 주실 것이니 내게만 아니라 주의 나타나심을 사모하는 모든 자에게니라

갈라디아서 3장 본문 말씀을 보겠습니다

성경에 "아브라함이 하나님을 믿으니, 하나님께서 그의 믿음을 보고 그를 의롭게 여기셨다"라고 한 것과 같습니다.(갈3:6)

그러므로 여러분은 믿음으로 사는 사람만이 아브라함의 후손이 된다는 사실을 알아야 합니다.(갈3:7)

하나님께서는 이방인들도 믿기만 하면 하나님과 올바른 관계를 맺게 해 주실 것을 성경이 미리 내다보고 이렇게 말했습니다. "너로 말미암아 모든 민족이 복을 받을 것이다."(갈3:8)

(창세기 12장)
3. 너를 축복하는 자에게는 내가 복을 내리고 너를 저주하는 자에게는 내가 저주하리니 땅의 모든 족속이 너를 인하여 복을 얻을 것이니라 하신지라
4. 이에 아브람이 여호와의 말씀을 따라갔고 롯도 그와 함께 갔으며 아브람이 하란을 떠날 때에 그 나이 칠십 오세였더라

그래서 믿음으로 사는 사람은 믿음의 사람 아브라함과 함께 복을 받게 되고,

율법을 지켜 구원을 받으려는 사람은 하나님의 저주를 받게 되는 것입니다.(갈3:9)

왜냐하면 성경에 "누구든지, 율법 책에 기록된 모든 것을 지키지 않으면 저주받을 것이다"(신27:26)라고 기록했기 때문입니다.(갈3:10)

(신명기 27장)
26. 이 율법의 모든 말씀을 실행치 아니하는 자는 저주를 받을 것이라 할 것이요 모든 백성은 아멘 할지니라

그리스도께서는 우리를 위해 저주가 되셔서 율법의 저주로부터 우리를 구원해 주셨습니다.

왜냐하면 성경에, "나무에 달린 자마다 저주받은 자다"(신21:23)라고 기록했기 때문입니다.(갈3:13)

(신명기 21장)
22. 사람이 만일 죽을 죄를 범하므로 네가 그를 죽여 나무 위에 달거든
23. 그 시체를 나무 위에 밤새도록 두지 말고 당일에 장사하여 네 하나님 여호와께서 네게 기업으로 주시는 땅을 더럽히지 말라 나무에 달린 자는 하나님께 저주를 받았음이니라.

그것은 아브라함에게 주신 복을 그리스도 예수 안에서 이방인에게도 주시고,

우리로 하여금 믿음으로 말미암아 약속하신 성령을 받게 하시려는 것입니다.(갈3:14)

그런데 하나님께서 아브라함에게 약속하실 때 많은 사람을 가리키는 "네 자손들에게 이 땅을 주겠다"라고 말씀하시지 않고,

(창세기 12장)
7. 여호와께서 아브람에게 나타나 가라사대 내가 이 땅을 네 자손에게 주리라 하신지라 그가 자기에게 나타나신 여호와를 위하여 그 곳에 단을 쌓고

한 사람을 가리키는 "네 자손에게 이 땅을 주겠다"라고 말씀하셨는데 그 한 사람이 바로 그리스도이십니다.(갈3:16)

하나님께서 이미 맺어 주신 언약을 430년 후에 생긴 율법이 그 언약을 폐기하거나 무효로 하지 못한다는 것입니다.(갈3:17)

만일 그 언약이 율법에 근거한 것이라면, 그것은 더 이상 하나님의 은총이 아닙니다.

그러나 하나님께서는 언약에 따라 아브라함에게 유업을 선물로 주셨습니다.(갈3:18)

그렇다면 율법은 무엇입니까?

그것은 약속한 후에 죄가 무엇인지 알게 하시려고,

약속하신 아브라함의 씨가 올 때까지만 유효하도록 천사들을 통해 중보자인 모세에게 주신 것입니다.(갈3:19)

(출애굽기 24장)
12. 여호와께서 모세에게 이르시되 너는 산에 올라 내게로 와서 거기있으라 너로 그들을 가르치려고
내가 율법과 계명을 친히 기록한 돌판을 네게 주리라

그러나 하나님께서 아브라함에게 약속하실 때는 중보자 없이 직접 하셨습니다.(갈3:20)

(창세기 17장)
5. 이제 후로는 네 이름을 아브람이라 하지 아니하고 아브라함이라 하리니 이는 내가 너를 열국의 아비가 되게 함이니라
6. 내가 너로 심히 번성케 하리니 내가 네게서 민족들이 나게 하며 열왕이 네게로부터 나오리라
7. 내가 내 언약을 나와 너와 네 대대 후손의 사이에 세워서 영원한 언약을 삼고 너와 네 후손의 하나님이 되리라
8. 내가 너와 네 후손에게 너의 우거하는 이 땅 곧 가나안 일경으로 주어 영원한 기업이 되게 하고 나는 그들의 하나님이 되리라
9. 하나님이 또 아브라함에게 이르시되 그런즉 너는 내 언약을 지키고 네 후손도 대대로 지키라

그러나 성경은 우리 모두가 (율법으로 인해) 죄의 포로가 되었다고 말합니다.

그것은 예수 그리스도를 믿은 사람만이, 그 믿음으로 약속된 선물을 받게 하시려는 것입니다.(갈3:22)

율법은 그리스도께서 오실 때까지 우리를 그분께로 인도하는 인도자 역할을 한 것입니다.(갈3:24)

그러나 이제 그리스도께서 오셨기 때문에 더 이상 율법이 우리를 인도할 필요가 없게 되었습니다.(갈3:25)

그리스도 안에서 성령의 세례를 받은 여러분 모두는 그리스도로 옷을 입은 사람입니다.(갈3:27)

여러분이 그리스도께 속한 사람이면, 여러분은 아브라함의 후손이고 약속에 의한 상속자입니다.(갈3:29)

갈라디아서 4장 본문 말씀을 보겠습니다

율법 아래 있고자 하는 여러분, 나에게 말해 보십시오.

여러분은 율법이 말하는 것을 듣지 못합니까?(갈4:21)

율법서에 보면 이런 기록이 있습니다.

아브라함에게 두 아들이 있었습니다.

한 아들은 여종의 몸에서 태어났고, 한 아들은 본처의 몸에서 태어났습니다.(갈4:22)

(창세기 16장)
2. 사래가 아브람에게 이르되 여호와께서 내 생산을 허락하지 아니하셨으니 원하건대 내 여종과 동침하라 내가 혹 그로 말미암아 자녀를 얻을까 하노라 하매 아브람이 사래의 말을 들으니라
3. 아브람의 아내 사래가 그 여종 애굽 사람 하갈을 데려다가 그 남편 아브람에게 첩으로 준 때는 아브람이 가나안 땅에 거주한 지 십 년 후였더라
4. 아브람이 하갈과 동침하였더니 하갈이 잉태하매 그가 자기의 잉태함을 깨닫고 그의 여주인을 멸시한지라

그런데 여종의 몸에서 태어난 아들은 육정의 소생이고,

본처의 몸에서 태어난 아들은 하나님의 약속을 따라 태어난 아들이었습니다.(갈4:23)

이것은 비유로 한 말인데 그 두 여자는 두 언약을 가리킵니다.

여종은 율법의 언약의 상징인 하갈이고, 본처는 믿음의 상징인 사라입니다.(갈4:24)

하갈은 아라비아에 있는 시내산을 가리키는데, 그것은 지금의 예루살렘에 해당합니다.

왜냐하면 예루살렘 주민들이 율법주의자들과 함께 율법의 종노릇하고 있기 때문입니다.

그러나 하늘에 있는 예루살렘은 종이 아닌 자유인,

곧 믿음으로 은혜 아래 있는 우리들의 어머니인 언약의 여자 사라를 말합니다.(갈4:25-26)

(창세기 17장)
15. 하나님이 또 아브라함에게 이르시되 네 아내 사래는 이름을 사래라 하지 말고 그 이름을 사라라 하라
16. 내가 그에게 복을 주어 그로 네게 아들을 낳아 주게 하며 내가 그에게 복을 주어 그를 여러 민족의 어머니가 되게 하리니 민족의 여러 왕이 그에게서 나리라
19. 하나님이 가라사대 아니라 네 아내 사라가 정녕 네게 아들을 낳으리니 너는 그 이름을 이삭이라 하라 내가 그와 내 언약을 세우리니 그의 후손에게 영원한 언약이 되리라
21. 내 언약은 내가 내년 이 시기에 사라가 네게 낳을 이삭과 세우리라
22. 하나님이 아브라함과 말씀을 마치시고 그를 떠나 올라가셨더라

형제 여러분,

여러분은 이삭과 마찬가지로 하나님의 약속으로 태어난 약속의 자녀들입니다.(갈4:28)

(창세기 21장)
10. 그가 아브라함에게 이르되 이 여종과 그 아들을 내어 쫓으라 이 종의 아들은 내 아들 이삭과 함께 기업을 얻지 못하리라 하매
11. 아브라함이 그의 아들로 말미암아 그 일이 매우 근심이 되었더니
12. 하나님이 아브라함에게 이르시되 네 아이나 네 여종을 위하여 근심치 말고 사라가 네게 이른 말을 다 들으라 이삭에게서 나는 자라야 네 씨라 부를 것임이니라

모세의 율법인 십계명은 아브라함과 이삭과 야곱의 하나님이 우리 조상과 세우신 것이 아니라고 모세는 선포합니다.

즉 아브라함과 이삭과 야곱의 하나님이 우리 조상과 세우신 것은 하나님이 주시는 마음의 할례로 지키게 하는 것입니다.

그러나 모세를 통해 선포된 십계명의 율법은 사람의 의지와 결심으로 지켜야 한다는 것입니다.

그것은 약속된 예수 그리스도가 오실 때까지 죄가 무엇인지를 깨닫게 하기 위한 것입니다.

율법은 아무것도 완전하게 하지 못했습니다.

그래서, 하나님께서는 더 좋은 소망을 우리에게 주셨습니다.

우리는 이 소망을 힘입어서 하나님께 가까이 나아가게 되는 것입니다.

하나님은 하나님을 믿는다고 하나님의 사람이 될 수 없다는 것을 구약의 이스라엘 민족의 역사로 보여 주시고 말씀하셨습니다.

하나님은 이스라엘 민족을 통하여 사람의 죄성과 이기심, 사람의 위선, 하나님보다 물질을 사랑하는 육체의 정욕을 알게 하셨습니다.

하나님은 구약에서는 보는 눈과 듣는 귀를 주지 않았다고 말씀합니다.

이는 무슨 이야기입니까?

하나님이 영으로 그리스도의 마음을 사람의 마음에 심어 주지 않으면 사람은 누구나 율법적인 사람이 될 수 뿐이 없다는 것입니다.

구약에서도 엘리야, 엘리사처럼 죽은 사람을 살리는 이적이 나옵니다.

그러나 이스라엘 민족에게는 아직 예수 그리스도의 진리의 성령이 없음으로 영의 세계에 대한 진리를 알지 못하였습니다. 죄 있는 사람의 육신에 성령 하나님이 들어갈 수가 없는 것입니다.

(신명기 29장)
2. 모세가 온 이스라엘을 소집하고 그들에게 이르되 여호와께서 애굽 땅에서 너희 목전에 바로와 그 모든 신하와 그 온 땅에 행하신 모든 일을 너희가 보았나니
3. 곧 그 큰 시험과 이적과 큰 기사를 네 눈으로 보았느니라
4. 그러나 깨닫는 마음과 보는 눈과 듣는 귀는 오늘날까지 여호와께서 너희에게 주지 아니하셨느니라
5. 주께서 사십년 동안 너희를 인도하여 광야를 통행케 하셨거니와 너희 몸의 옷이 낡아지지 아니하였고 너희 발의 신이 해어지지 아니 하였으며
6. 너희에게 떡도 먹지 못하며 포도주나 독주를 마시지 못하게 하셨음은 주는 너희 하나님 여호와이신 줄을 알게 하려 하심이니라

그것은 새 언약의 중보자로 그리스도가 오셔서 진리의 성령이 우리 안에 오실 때 보는 눈과 듣는 귀가 영으로 열리는 것입니다. 그래서 예수님은 너희가 내 안에 내가 너희 안에 있어야 한다고 말씀하셨습니다. 그리스도가 주시는 진리의 성령이 마음에 새겨지고 내 안에 오셔야 율법이 완전해지는 것입니다.

예수님의 제자들이 예수님이 십자가에서 영광을 받기 전에도 귀신을 쫓아내며 병자를 낫게 하였지만 하나님이 예수 그리스도께 주시는 진리를 알지는 못하였습니다.

히브리서 13장 본문 말씀을 보겠습니다

하나님께서 "내가 결코 너를 떠나지도 버리지도 않겠다"라고 말씀하셨습니다. 그러니 돈을 사랑하지 말고 지금 있는 것으로 만족하십시오.(히13:5)

율법에 따르면 대제사장은 속죄제물로 죽인 짐승의 피를 지성소에 가

지고 들어가고 그 짐승의 몸은 진영 밖에서 불에 태웁니다.(히13:11)

이와 같이 예수님께서도 자신의 피로 백성을 거룩하게 하시려고 성문 밖에서 고난받으셨습니다.(히13:12)

그러니 이제 우리도 그리스도의 치욕을 짊어지고 진영 밖에 있는 그 분께로 나아갑시다.(히13:12)

이 세상은 우리들의 본향이 아닙니다. 그러기에 우리들은 하늘나라에 있는 영원한 본향을 기다립니다. 이 땅에는 우리가 차지할 영원한 도성이 없습니다. 우리는 다만 앞으로 올 도성을 바랄 뿐입니다.(히13:14)

그러니 예수 이름으로 쉬지 말고 찬양의 제사를 드립시다. 이렇게 하는 것이 하나님의 영광스러운 이름을 전하는 길입니다.(히13:15)

양들의 큰 목자이신 우리 주 예수님을 영원한 언약의 피로 죽은 자 가운데서 이끌어 내신 평강의 하나님께서, 모든 선한 일에 여러분을 온전케 하셔서 하나님의 뜻을 이루게 하시고, 예수 그리스도를 통해 하나님께 기쁨이 되는 일을 행하게 하시기를 원합니다. 하나님의 영광이 영원하기를 빕니다. 아멘.(히13:20-21)

(히브리서 13장)

6. 그러므로 우리가 담대히 가로되 주는 나를 돕는 이시니 내가 무서워하지 아니하겠노라 사람이 내게 어찌하리요 하노라

7. 하나님의 말씀을 너희에게 이르고 너희를 인도하던 자들을 생각하며 그들의 행실의 결말을 주의하여 보고 그들의 믿음을 본받으라

8. 예수 그리스도는 어제나 오늘이나 영원토록 동일하시니라

성경 바로보기

4부

신약의 본문 CORE 말씀

예수 그리스도의 계보와 나심

예수 그리스도의 계보

아브라함의 후손이요 다윗의 자손인 예수 그리스도의 족보는 다음과 같다.(마1:1)

(창세기 3장)
15. 내가 너로 여자와 원수가 되게 하고 너의 후손도 여자의 후손과 원수가 되게 하리니
여자의 후손은 네 머리를 상하게 할것이요 너는 그의 발꿈치를 상하게 할 것이니라 하시고

'아브라함'이 이삭을, 이삭이 야곱을, 야곱이 유다와 그의 형제들을 낳고,(마1:2)

유다가 다말에게서 베레스와 세라를 낳고,(마1:3)

살몬이 라합에게서 보아스를, 보아스가 룻에게서 오벳을, 오벳이 이새를 낳고,(마1:5)

이새는 '다윗 왕'을 낳았다. 다윗은 우리야의 아내였던 이에게서 솔로몬을 낳고,(마1:6)

예루살렘 주민이 바빌론으로 끌려갈 무렵에, 요시야는 여고냐와 그의 아우들을 낳았다.(마1:11)

예루살렘 주민이 바빌론으로 끌려간 뒤에, 여고냐는 스알디엘을, 스알디엘은 스룹바벨을 낳고,(마1:11)

야곱이 마리아의 남편 요셉을 낳았고,

요셉의 아내 마리아에게서 '그리스도이신 예수'가 태어났다.(마1:16)

(이사야 11장)

1. 이새의 줄기에서 한 싹이 나며 그 뿌리에서 한 가지가 나서 결실할 것이요

2. 여호와의 신 곧 지혜와 총명의 신이요 모략과 재능의 신이요 지식과 여호와를 경외하는 신이 그 위에 강림하시리니

(요한복음 3장)

16. 하나님이 세상을 이처럼 사랑하사 독생자를 주셨으니 이는 그를 믿는 자마다 멸망하지 않고 영생을 얻게 하려 하심이라

17. 하나님이 그 아들을 세상에 보내신 것은 세상을 심판하려 하심이 아니요 그로 말미암아 세상이 구원을 받게 하려 하심이라

예수 그리스도의 나심

예수가 태어난 경위는 이렇다.

그의 어머니 마리아가 요셉과 약혼하고 결혼하기 전에 성령이 아기를 갖게 했다.(마1:18)

주의 천사가 꿈에 나타나 말했다. "다윗의 자손 요셉아, 두려워하지 말고 마리아를 아내로 맞아라.

그녀의 태중에 있는 아기는 성령으로 말미암은 것이다.(마1:20)

마리아가 아들을 낳으면, 그의 이름을 예수라고 해라.

그가 자기 백성을 그들의 죄에서 구원할 사람이기 때문이다."(마1:21)

(요한복음 5장)
38. 그 말씀이 너희 속에 거하지 아니하니 이는 그가 보내신 이를 믿지 아니함이라
39. 너희가 성경에서 영생을 얻는 줄 생각하고 성경을 연구하거니와 이 성경이 곧 내게 대하여 증언하는 것이니라

이런 일이 일어난 것은, 주님이 예언자를 통해 한 말을 이루려는 것이었다.(마1:22)

"보아라, 동정녀가 잉태해 아들을 낳을 것이니,

그 이름을 임마누엘이라고 해라" 하신 말씀을 이루려고 하신 것이다.(사7:14, 마1:23)

아들을 낳자 그 이름을 예수라고 지었다.(마1:25)

(이사야 7장)
7. 그러므로 주께서 친히 징조로 너희에게 주실 것이라,
보라 처녀가 잉태하여 아들을 낳을 것이요 그 이름을 임마누엘이라 하리라

헤롯왕 때에 예수님이 유대 베들레헴에서 태어났다.(마2:1)

그러나 헤롯이 아기를 죽이려고 하여(마2:16), 이집트로 피신한 후 헤롯이 죽은 뒤(마2:20),

갈릴리 지방에 있는 나사렛이라는 동네에 가서 살았다.(마2:22)

이렇게 해서 예언자들을 통해 말씀하신,
"그가 나사렛 사람이라 불릴 것이다"라는 예언이 이루어졌다.(마2:23)

(미가 5장)
2. 베들레헴 에브라다야 너는 유다 족속 중에 작을지라도,
이스라엘을 다스릴 자가 네게서 내게로 나올 것이라 그의 근본은 상고에 태초에니라

유대 광야에 세례 요한이 나타나 "회개하라, 천국이 가까이 왔다"라고 선포하고 있었다.(마3:1)

나는 너희를 회개시키려고 물로 세례를 주지만 내 뒤에 오시는 분은 성령과 불로 세례를 주실 것이다.

그분은 나보다 능력이 많은 분이어서 나는 그분의 신을 들고 다닐 자격조차 없는 사람이다.(마2:11)

예수님이 열두 제자에게 분부하고 나서,
그곳을 떠나 유대 여러 마을을 다니며 가르치고 복음을 전파했다.(마11:1)

그리스도와 다윗의 자손

바리새인들이 모여 있는 것을 보고 예수님이 그들에게 물었다.(마22:41)

"여러분은 그리스도를 어떻게 생각합니까? 그가 누구의 자손이라고 생각합니까?"

그러자 그들이 다윗의 자손이라고 대답했다.(마22:43)

예수님이 다시 물었다. "그리스도가 다윗의 자손이면 다윗이 영감을 받아 그리스도를 자신의 주님이라고 부른 사실을 여러분은 어떻게 설명하겠습니까?" 다윗이 이렇게 말했습니다.(마22:43)

하나님께서 내 주님께 말씀하셨다.

"내가 네 원수를 네 발아래 굴복시킬 때까지 너는 여기 내 오른편에 앉아 있어라."(마22:44)

"다윗이 그리스도를 '주님'이라고 불렀는데 어떻게 그리스도가 다윗의 자손이 될 수 있습니까?"(마22:45)

(시편 110장)
1. 여호와께서 내 주에게 말씀하시기를
내가 네 원수로 네 발등상 되게 하기까지 너는 내 우편에 앉으라 하셨도다

하나님 말씀을 문자로만 해석하는 그들이 거기서 말문이 막혔다.

그래서 한마디도 대답하지 못했고 그날부터 예수님께 더 묻는 사람이 없었다.(마22:46)

예수 그리스도는 영원한 생명의 양식

예수님이 말했다. "내가 생명의 빵입니다. 따라서 내게 오는 사람은 결코 주리지 않고,

나를 믿는 사람은 영원히 목마르지 않을 것입니다.(요6:35)

썩어 없어질 양식을 얻으려고 힘쓰지 말고, 영원한 생명에 이르게 하

는 양식을 얻으려고 힘쓰십시오.

이 양식을 인자가 여러분에게 주려고 합니다. 하나님께서 그 권능을 인자에게 주셨기 때문입니다.(요6:27)

내가 내 뜻을 행하려고 하늘에서 내려온 것이 아니라,

나를 보내신 분의 뜻을 행하려고 왔기 때문입니다.(요6:38)

나를 보내신 분의 뜻은, 나에게 맡겨 준 사람을 한 사람도 잃지 않고,

마지막 날에 모두 다시 살리는 것입니다.(요6:39)

예언서에 '그때가 되면 그들 모두가 하나님의 가르침을 받을 것이다' 라고 기록했는데,

(이사야 54장)
13. 네 모든 자녀는 여호와의 교훈을 받을 것이니 네 자녀는 크게 평강할 것이며

지금이 바로 그때입니다.(요6:45)

아버지를 본 사람은 하나님께서 보내신 나뿐입니다.(요6:46)

내가 진정으로 진정으로 말합니다. 믿는 사람은 누구나 다 영원한 생명을 누리게 됩니다."(요6:47)

예수님이 다시 말했다. "정말 잘 들어 두십시오. 여러분이 인자의 살을 먹지 않고 인자의 피를 마시지 않으면 여러분 속에 생명이 없습니다.(요6:53)

내 살을 먹고 내 피를 마시는 사람은 영원한 생명을 누려야 하기 때문

에 마지막 날에 내가 그를 살립니다.(요6:54)

내 살은 참된 양식이고 내 피는 참된 음료입니다. 내 살을 먹고 내 피를 마시는 사람은 내 안에 있고, 나도 그 사람 안에 있습니다.(요6:55-56)

살아 계신 아버지께서 나를 보내셨고, 아버지께서 주신 생명의 능력으로 내가 사는 것 같이, 나를 먹는 사람도 내가 주는 능력으로 말미암아 살게 됩니다."(요6:57)

(에베소서 2장)
1. 그는 허물과 죄로 죽었던 너희를 살리셨도다
2. 그 때에 너희는 그 가운데서 행하여 이 세상 풍조를 따르고 공중의 권세 잡은 자를 따랐으니 곧 지금 불순종의 아들들 가운데서 역사하는 영이라
3. 전에는 우리도 다 그 가운데서 우리 육체의 욕심을 따라 지내며 육체와 마음의 원하는 것을 하여 다른 이들과 같이 본질상 진노의 자녀이었더니

새 계명

그들 가운데 한 율법사가 예수님을 시험하려고 이렇게 물었다.(마22:35)

"선생님, 모세의 율법 가운데 어느 계명이 제일 중요한 계명입니까?"(마22:36)

예수님이 대답했다. "'네 마음을 다하고 목숨을 다하고 뜻을 다해 주 너의 하나님을 사랑해라'

이 계명이 가장 크고 으뜸가는 계명이고 '이웃을 네 몸과 같이 사랑해라'라는 둘째 계명도 이에 못지않게 중요한 계명입니다. 이 두 계명이 모든 율법과 예언서의 핵심입니다.(마22:37-40)

(신명기 6장)
4. 이스라엘아 들으라 우리 하나님 여호와는 오직 유일한 여호와이시니
5. 너는 마음을 다하고 뜻을 다하고 힘을 다하여 네 하나님 여호와를 사랑하라

(레위기 19장)
17. 너는 네 형제를 마음으로 미워하지 말며 네 이웃을 반드시 견책하라 그러면 네가 그에 대하여 죄를 담당하지 아니하리라
18. 원수를 갚지 말며 동포를 원망하지 말며 이웃 사랑하기를 네 자신과 같이 사랑하라 나는 여호와이니라

이제 여러분에게 새 계명을 줍니다. '서로 사랑'하십시오. 내가 여러분을 사랑한 것 같이, 여러분도 서로 사랑하십시오.(요13:34)

여러분이 서로 사랑하면, 세상 사람들이 그것을 보고 여러분이 내 제자인 것을 압니다."

모든 사람이 그것으로써 너희가 나의 제자인 줄을 알게 될 것이다.(요13:35)

"우리가 하나님의 계명을 지키면 이것이 바로 우리가 하나님을 알고 있다는 확실한 증거입니다.(요일2:3)

만약 우리가 하나님을 안다고 하면서 그분의 계명을 지키지 않으면, 그 사람은 거짓말쟁이고 그 사람 속에는 진리가 없습니다.(요일2:4)

그러나 그분의 말씀을 지키는 사람은 그 사람 안에서 하나님의 사랑이 완전히 이루어집니다. 그래서 우리가 하나님 안에 있다는 것을 알게 됩니다.(요일2:5)

그리고 우리가 하나님 안에 있으면, 우리도 당연히 그리스도께서 사신 것처럼 살아야 합니다.(요일2:6)

사랑하는 여러분, 지금 여러분에게 써 보내는 것은 새로운 계명이 아니라 여러분이 처음부터 가지고 있던 옛 계명입니다. 그리고 이 옛 계명은 여러분이 줄곧 들어 왔던 말씀입니다. 그러나 이 옛 계명이 곧 새 계명이기도 합니다.(요일2:7)

이 새 계명이 그리스도를 통해 참되다는 것이 드러났고, 또 우리도 그 빛으로 인해 어둠에서 벗어났습니다.(요일2:8)

그러기에 어떤 사람이 자기가 빛 가운데 있다고 말하면서 형제를 미워하면, 그 사람은 아직 어둠 속에 있는 사람입니다.(요일2:9)

형제를 미워하는 사람은 어둠 속에 있기 때문에, 어두움이 그의 눈을 멀게 해 자기가 어디로 가고 있는지 알지 못합니다.(요일2:11)

세상이나 세상에 있는 것들을 사랑하지 마십시오. 세상을 사랑하는 사람에게는 그 속에 하나님을 사랑하는 마음이 없습니다.(요일2:15)

세상에 있는 모든 것 곧 육신의 욕망과 안목의 정욕과 세상 자랑은, 다 하나님께로부터 온 것이 아니라, 이 세상으로부터 온 것입니다.(요일2:16)

이 세상도 지나가고 세상의 정욕도 다 사라지지만, 하나님의 뜻을 따라 사는 사람은 영원합니다.(요일2:17)”

예수님은 창조주이시며 피조 세계와 영생의 나라 왕

천지가 창조되기 전부터 말씀이 있었다. 이 말씀이 하나님과 함께 있었고 이 말씀이 곧 하나님이시다.(요1:1)

이 말씀이 처음부터 하나님과 함께 있었다. 하나님이 말씀으로 만물을 창조했기 때문에, 피조물 가운데 말씀을 통해 창조되지 않은 것은 하나도 없다.

그 말씀 안에 생명이 있고 그 생명이 사람들의 빛이다.(요1:2-4)

그분이 (처음부터) 세상에 있었고 세상이 그 말씀으로 창조되었으나, 세상이 그분을 알지 못했다.(요1:10)

그래서 그분이 자기 땅에 왔지만 자기 백성이 그분을 영접하지 않았다.(요1:11)

그러나 하나님이 그분을 영접한 사람들, 곧 그분을 믿는 사람들에게는 하나님의 자녀가 되는 권세를 주었다.(요1:12)

예언자 이사야의 글에 "보아라, 내가 내 사자를 네 앞에 보내 그가 네 길을 예비하게 하겠다"라는 말이 있고, 또 "광야에서 외치는 이의 소리가 있다", "너희는 주의 길을 예비하고 그 길을 평탕하게 하라"라는 말이 있다.(막1:2-3)

이 말대로 세례 요한이 광야에 나타나 "회개하고 세례를 받으십시오", "그러면 죄를 용서받습니다" 하고 선포했다.(막1:4)

(이사야 40장)
3. 외치는 자의 소리여 가로되,
너희는 광야에서 여호와의 길을 예비하라, 사막에서 우리 하나님의 대로를 평탄케 하라

옥에 갇혀 있는 요한이 그리스도가 한 일을 전해 듣고 자기 제자들을 예수님에게 보내 물었다.(마11:2)

"오시기로 되어 있는 그분이 바로 당신이십니까? 아니면 우리가 다른 분을 기다려야 합니까?"

예수님이 그들에게 대답했다. "가서 요한에게 그대들이 보고 들은 것을 그대로 전하십시오.

시각 장애인이 보고 지체 장애인이 걸으며, 한센인이 깨끗해지고 청각 장애인이 들으며, 죽은 사람이 살아나고 가난한 사람들이 복음을 듣습니다.

그러니 의심하지 않는 사람이 복 있는 사람입니다, 라고 전하십시오."(마11:3-6)

유대인들은 불쾌한 마음으로 이렇게 물었다.

"당신이 무슨 권한으로 이런 일을 하는지 우리에게 증명할 만한 이적을 보이시오. 우리에게 무슨 이적을 보여 주겠소."(요2:18)

예수님이 대답했다.

"이 성전을 허무시오. 내가 사흘 만에 다시 세우겠소."(요2:19)

그들이 어이없다는 듯이 소리쳤다.

"이 성전을 짓는데 사십육 년이나 걸렸는데 당신이 사흘 만에 다시 짓겠다는 것이오?"(요2:20)

예수님이 이렇게 말한 것은 자신의 몸인 성전을 두고 한 말이었다.(요2:21)

나중에 예수님이 죽었다가 다시 살아난 후에 제자들이 예수님의 이 말을 기억했고, 그때야 비로소 예수님이 인용한 성경 말씀과 또 그 말씀이 이루어진 것을 깨달았다.(요2:22)

예수님이 유월절에 예수살렘에 머물며 행하는 이적들을 본 사람들은, 예수가 메시아라는 사실을 믿었지만, 예수님은 그들을 신뢰하지 않았다.(요2:23)

왜냐하면 예수님은 사람의 속마음까지 꿰뚫어 보는 분인데, 그들의 믿음이 순수한 것이 아니라 이적을 보고 믿는 연약한 믿음이었기 때문이다.(요2:24)

예수님이 다시 성전에서 가르쳤다. "나는 세상의 빛입니다. 그래서 나를 따르는 사람은 어둠 속을 걷지 않고 생명의 빛을 얻게 됩니다."(요8:12)

우리는 해가 있는 동안에는 나를 보내신 분의 일을 해야 합니다. 밤이 되면 아무도 일을 할 수 없기 때문입니다. 내가 이 세상에 있는 동안에는 세상의 빛입니다.(요9:4-5)

예수님이 군중에게 큰 소리로 이렇게 말했다.

"나를 믿는 사람은 나뿐 아니라 나를 보내신 분을 믿는 것이고, 나를 보는 사람은 나를 보내신 분을 보는 것입니다.

내가 빛으로 세상에 온 것은, 나를 믿는 사람마다 어둠에 머물지 않게 하려는 것입니다."(요12:44-46)

빌라도의 법정에 선 왕의 왕, 진리의 예수 그리스도

빌라도가 관저안으로 들어가 예수를 불러 물었다. "네가 유대인의 왕이냐?"(요18:33)

예수님이 대답했다. "내 나라는 이 세상에 속한 것이 아닙니다. 만일 내 나라가 이 세상에 속한 것이었다면, 내 부하들이 싸워서 나를 유대인들의 손에 넘겨주지 않았을 것입니다. 내 나라는 결코 이 세상에 속한 것이 아닙니다."(요18:36)

빌라도가 다시 아무튼 네가 왕이냐고 묻자 예수님이 이렇게 대답했다. "그렇소. 나는 총독이 말한 대로 왕입니다. 나는 진리를 증언하려고 태어났고, 그것을 위해 이 세상에 왔습니다. 누구든지 진리에 속한 사람은 내 말을 알아듣습니다."(요18:37)

(요한계시록 17장)
14. 그들이 어린 양과 더불어 싸우려니와 어린 양은 만주의 주시요 만왕의 왕이시므로 저희를 이기실 터이요
또 그와 함께 있는 자들 곧 부르심을 받고 택하심을 받은 진실한 자들도 이기리로다

(요한계시록 19장)
11. 또 내가 하늘이 열린 것을 보니 보라 백마와 그것을 탄 자가 있으니, 그 이름은 충신과 진실이라 그가 공의로 심판하며 싸우더라
12. 그 눈이 불꽃 같고 그 머리에는 많은 관들이 있고 또 이름 쓴 것이 하나가 있으니 자기 밖에 아는 자가 없고

13. 또 그가 피 뿌린 옷을 입었는데 그 이름은 하나님의 말씀이라 칭하더라
15. 그의 입에서 예리한 검이 나오니 그것으로 만국을 치겠고 친히 그들을 철장으로 다스리며 또 친히 하나님 곧 전능하신 이의 맹렬한 진노의 포도주 틀을 밟겠고
16. 그 옷과 그 다리에 이름 쓴 것이 있으니 만왕의 왕이요 만주의 주라 하였더라

빌라도가 유대인들에게 말했다.

"나는 이 사람에게서 아무런 죄도 찾지 못했소."(요18:39)

유대인들이 대답했다.

"우리에게는 율법이 있는데, 그 율법에 따르면 그는 죽어 마땅합니다. 왜냐하면, 그가 자기 자신을 가리켜 하나님의 아들이라고 말했기 때문입니다."(요19:7)

이 말을 듣고 빌라도가 두려운 마음이 들어, 예수를 관저 안으로 데리고 들어가 물었다.(요19:8)

"그대는 이디에서 왔소." 예수님이 아무런 대답도 하지 않았다.(요19:9)

빌라도가 다시 말했다. "그대는 어디에서 왔소?" 예수님이 아무런 대답도 하지 않았다. 빌라도가 다시 말했다. "나한테 말하지 않을 작정이오? 나에게는 그대를 놓아줄 권한도 있고 십자가에 못 박을 권한도 있소."(요19:10)

예수님이 말했다. "하나님께서 권한을 주지 않았으면, 총독께서도 나를 어떻게 할 수 없을 것입니다.

그러므로 나를 총독에게 넘겨준 사람들의 죄가 더 큽니다."(요19:11)

(요한복음 10장)
17. 아버지께서 나를 사랑하시는 것은 내가 다시 목숨을 얻기 위하여 목숨을 버림이라
18. 이를 내게서 빼앗는 자가 있는 것이 아니라 내가 스스로 버리노라 나는 버릴 권세도 있고 다시 얻을 권세도 있으니 이 계명은 내 아버지에게서 받았노라 하시니라

이 말을 듣고 빌라도가 예수를 놓아주려고 힘쓰며 유대인들에게 말했다. "보시오, 여러분의 왕이오."(요19:12, 14)

그들이 외쳤다. "없애 버리시오! 없애 버리시오! 그를 십자가에 못 박으시오! 우리에게는 카이사르 외에는 왕이 없습니다."(요19:15)

빌라도가 바라바를 놓아주고 예수님은 채찍질한 뒤에 십자가에 못 박으라고 넘겨주었다.(마27:26)

그리고 예수님의 옷을 벗기고 자주색 옷으로 갈아입힌 다음, 머리에 가시관을 씌우고 "유대인의 왕 만세!"라고 외치며 경례했다.(막15:17-18)

또 갈대로 예수님의 머리를 치고 침을 뱉으며 무릎 꿇고 그분 앞에 절했다.(막15:19)

이렇게 희롱한 후에, 자주색 옷을 벗기고 다시 원래 옷으로 갈아입혀 십자가에 못 박으려고 끌어갔다.(막15:20)

십자가의 죽으심과 부활

하나님의 뜻으로 십자가를 단번에 지심

예수님이 십자가를 지고 해골산으로 갔다.(요19:17)

마침내 오전 9시에 그들이 예수님을 십자가에 못 박고 제비를 뽑아 예수님의 옷을 나누어 가졌다.(막15:24-25)

(요한복음 6장)
53. 예수께서 이르시되 내가 진실로 진실로 너희에게 이르노니 인자의 살을 먹지 아니하고 인자의 피를 마시지 아니하면 너희 속에 생명이 없느니라
54. 내 살을 먹고 내 피를 마시는 자는 영생을 가졌고 마지막 날에 내가 그를 다시 살리리니
55. 내 살은 참된 양식이요 내 피는 참된 음료로다
56. 내 살을 먹고 내 피를 마시는 자는 내 안에 거하고 나도 그의 안에 거하나니
57. 살아 계신 아버지께서 나를 보내시매 내가 아버지로 말미암아 사는 것 같이 나를 먹는 그 사람도 나로 말미암아 살리라

빌라도가 명패를 써서 십자가 위에 붙였는데, '유대인의 왕 나사렛 예수'라고 썼다.(요19:19)

예수님이 말했다.

"아버지, 저 사람들을 용서해 주십시오. 그들은 자기들이 무슨 일을 하는지 알지 못합니다."(누23:34)

이렇게 해서 "자기들끼리 내 옷을 나눠 가지려고 제비를 뽑습니다" 하는 성경 말씀이 이루어졌다.(요19:24)

(시편 22장)
17. 내가 내 모든 뼈를 셀 수 있나이다 저희가 나를 주목하여 보고
18. 내 겉옷을 나누며 속옷을 제비뽑나이다
19. 여호와여 멀리하지 마옵소서 나의 힘이시여 속히 나를 도우소서

정오부터 오후 3시까지 어둠이 온 땅을 덮었다.(막15:33)

정오쯤 되자 해가 빛을 잃어 온 땅이 어둠에 덮였고, 그 어둠이 오후 세 시까지 계속되었다.(누23:44)

세 시쯤 되었을 때 예수님이 큰 소리로 "엘리, 엘리, 라마 사박다니?"라고 부르짖었다.

이 말은 "나의 하나님, 나의 하나님, 어찌하여 나를 버리십니까?"라는 뜻이다.(막15:34)

(에베소서 2장)
1. 너희의 허물과 죄로 죽었던 너희를 살리셨도다
2. 그 때에 너희가 그 가운데서 행하여 이 세상 풍속을 좇고 공중의 권세 잡은 자를 따랐으니 곧 지금 불순종의 아들들 가운데서 역사하는 영이라
3. 전에는 우리도 다 그 가운데서 우리 육체의 욕심을 따라 지내며 육체와 마음의 원하는 것을 하여 다른이들과 같이 본질상 진노의 자녀이었더니
4. 긍휼에 풍성하신 하나님이 우리를 사랑하신 그 큰 사랑을 인하여
5. 허물로 죽은 우리를 그리스도와 함께 살리셨고 (너희가 은혜로 구원을 얻은 것이라)

6. 또 함께 일으키사 그리스도 예수 안에서 함께 하늘에 앉히시니
7. 이는 그리스도 예수 안에서 우리에게 자비하심으로써 그 은혜의 지극히 풍성함을 오는 여러 세대에 나타내려 하심이니라
8. 너희가 그 은혜를 인하여 믿음으로 말미암아 구원을 얻었나니 이것이 너희에게서 난 것이 아니요 하나님의 선물이라
9. 행위에서 난 것이 아니니 이는 누구든지 자랑치 못하게 함이니라
10. 우리는 그의 만드신바라 그리스도 예수 안에서 선한 일을 위하여 지으심을 받은 자니 이 일은 하나님이 전에 예비하사 우리로 그 가운데서 행하게 하려 하심이니라
11. 그러므로 생각하라 너희는 그 때에 육체로 이방인이요 손으로 육체에 행한 할례당이라 칭하는 자들에게 무할례당이라 칭함을 받는 자들이라
12. 그 때에 너희는 그리스도 밖에 있었고 이스라엘 나라 밖의 사람이라 약속의 언약들에 대하여 외인이요 세상에서 소망이 없고 하나님도 없는 자이더니
13. 이제는 전에 멀리 있던 너희가 그리스도 예수 안에서 그리스도의 피로 가까와졌느니라
14. 그는 우리의 화평이신지라 둘로 하나를 만드사 중간에 막힌 담을 허시고
15. 원수 된것 곧 의문에 속한 계명의 율법을 자기 육체로 폐하셨으니 이는 이 둘로 자기의 안에서 한 새 사람을 지어 화평하게 하시고
16. 또 십자가로 이 둘을 한 몸으로 하나님과 화목하게 하려 하심이라 원수 된것을 십자가로 소멸하시고
17. 또 오셔서 먼데 있는 너희에게 평안을 전하고 가까운데 있는 자들에게 평안을 전하셨으니
18. 이는 저로 말미암아 우리 둘이 한 성령 안에서 아버지께 나아감을 얻게 하려 하심이라
19. 그러므로 이제부터 너희가 외인도 아니요 손도 아니요 오직 성도들과 동일한 시민이요 하나님의 권속이라
20. 너희는 사도들과 선지자들의 터 위에 세우심을 입은 자라 그리스도 예수께서 친히 모퉁이 돌이 되셨느니라
21. 그의 안에서 건물마다 서로 연결하여 주 안에서 성전이 되어가고
22. 너희도 성령 안에서 하나님의 거하실 처소가 되기 위하여 예수 안에서

함께 지어져 가느니라

그 후에 예수님이 모든 일이 다 이루어진 것을 알고 "목마르다"라고 말했다. 이 말씀으로 성경 말씀이 이루어졌다.(요19:28)

마침 거기에 신 포도주가 가득 담긴 그릇이 있었는데, 사람들이 해면을 신 포도주에 듬뿍 적셔 우슬초에 매달아 올려 예수의 입에 대었다.(요19:29)

(시편 69장)
21. 그들이 쓸개를 나의 음식물로 주며 목마를 때에는 초를 마시게 하였사오니

예수님이 그것으로 목을 축인 후 "다 이루었다"라고 말하며 고개를 떨구고 숨을 거두었다.(요19:30)

(히브리서 10장)
12. 오직 그리스도는 죄를 위하여 한 영원한 제사를 드리시고 하나님 우편에 앉으사
13. 그 후에 자기 원수들로 자기 발등상이 되게 하실 때까지 기다리시나니
14. 저가 한 제물로 거룩하게 된 자들을 영원히 온전케 하셨느니라
15. 또한 성령이 우리에게 증거하시되
16. 주께서 가라사대 그 날 후로는 저희와 세울 언약이 이것이라 하시고 내 법을 저희 마음에 두고 저희 생각에 기록하리라 하신후에
17. 또 저희 죄와 저희 불법을 내가 다시 기억지 아니하리라 하셨으니
18. 이것을 사하셨은즉 다시 죄를 위하여 제사 드릴 것이 없느니라

(히브리서 5장)
7. 그는 육체에 계실 때에 자기를 죽음에서 능히 구원하실 이에게 심한 통곡과 눈물로 간구와 소원을 올렸고 그의 경건하심으로 말미암아 들으심을

얻었느니라
8. 그가 아들이시면서도 받으신 고난으로 순종함을 배워서
9. 온전하게 되셨은즉 자기에게 순종하는 모든 자에게 영원한 구원의 근원이 되시고
10. 하나님께 멜기세덱의 반차를 따른 대제사장이라 칭하심을 받았느니라

그리고 성소의 휘장 한가운데가 찢어져 두 폭으로 갈라졌다.(눅23:45, 마27:51, 막15:38)

그러므로 형제들아 우리가 예수의 피를 힘입어 성소에 들어갈 담력을 얻었나니 그 길은 우리를 위하여 휘장 가운데로 열어 놓으신 새로운 살 길이요 휘장은 곧 저의 육체니라(히10:19-20)

예수님을 십자가에 못 박은 병사들과 그들의 백부장이 예수님의 숨을 거두는 광경을 보고,

"이 사람이야말로 정말 하나님의 아들이다" 하고 말했다.(막15:39)

(이사야 53장)
3. 그는 멸시를 받아서 사람에게 싫어버린 바 되었으며 간고를 많이 겪었으며 질고를 아는 자라 마치 사람들에게 얼굴을 가리우고 보지않음을 받는 자 같아서 멸시를 당하였고 우리도 그를 귀히 여기지 아니하였도다
4. 그는 실로 우리의 질고를 지고 우리의 슬픔을 당하였거늘 우리는 생각하기를 그는 징벌을 받아서 하나님에게 맞으며 고난을 당한다 하였노라
5. 그가 찔림은 우리의 허물을 인함이요 그가 상함은 우리의 죄악을 인함이라 그가 징계를 받음으로 우리가 평화를 누리고 그가 채찍에 맞음으로 우리가 나음을 입었도다
6. 우리는 다 양 같아서 그릇 행하여 각기 제 길로 갔거늘 여호와께서는 우리 무리의 죄악을 그에게 담당시키셨도다
7. 그가 곤욕을 당하여 괴로울 때에도 그 입을 열지 아니하였음이여 마치 도수장으로 끌려가는 어린 양과 털 깎는 자 앞에 잠잠한 양 같이 그 입을

열지 아니하였도다
8. 그가 곤욕과 심문을 당하고 끌려 갔으니 그 세대중에 누가 생각 하기를 그가 산 자의 땅에서 끊어짐은 마땅히 형벌 받을 내 백성의 허물을 인함이라 하였으리요
9. 그는 강포를 행치 아니하였고 그 입에 궤사가 없었으나 그 무덤이 악인과 함께 되었으며 그 묘실이 부자와 함께 되었도다
10. 여호와께서 그로 상함을 받게 하시기를 원하사 질고를 당케 하셨은즉 그 영혼을 속건제물로 드리기에 이르면 그가 그 씨를 보게 되며 그 날은 길 것이요 또 그의 손으로 여호와의 뜻을 성취하리로다
11. 가라사대 그가 자기 영혼의 수고한 것을 보고 만족히 여길 것이라 나의 의로운 종이 자기 지식으로 많은 사람을 의롭게 하며 또 그들의 죄악을 친히 담당하리라

부활하심

예수님의 제자 가운데 산헤드린 공회원인 아리마대 사람 요셉과 밤에 예수님을 찾아왔던 니고데모는 예수님의 시신을 유대인들의 장례 풍속에 따라 아직 사람을 장사한 적이 없는 새 무덤에 안장했다.(요19:38-42)

안식일 다음 날 새벽에 여자들이 미리 준비한 향료와 향품을 가지고 무덤으로 갔다. 그런데 가 보니 무덤을 막았던 돌이 치워져 있었다.(눅21:1-2)

그래서 무덤 안으로 들어갔지만 예수님의 시신이 보이지 않았다.(눅21:3)

그래서 막달라 마리아가 곧장 시몬 베드로와 예수님이 사랑하던 제자 요한에게 달려가 말했다.

"누가 주님의 시신을 무덤에서 꺼내 갔습니다. 그런데 어디로 갔는지 모릅니다."(요20:2)

그때까지도 그들은 예수님이 죽었다가 다시 살아날 것이라고 말한 성경 말씀을 깨닫지 못했다.(요20:9)

한편 무덤 밖에서 서서 울고 있던 마리아가 몸을 굽혀 무덤 안을 들여다보니, 흰옷을 입은 두 천사가 있는데, 한 천사는 예수님의 시신이 놓였던 머리맡에, 다른 한 천사는 발치에 앉아 있었다.(요20:11-12)

여자들이 겁에 질려 그들 앞에서 엎드리자 그들이 이렇게 말했다. "왜 살아나신 분을 무덤에서 찾습니까? 그분은 여기에 계시지 않습니다.

그분이 갈릴리에 계실 때 이렇게 말하지 않았습니까?"(눅24:5-6)

"인자는 반드시 죄인들의 손에 넘겨져 십자가에 못 박혀 죽었다가 사흘째 되는 날 살아납니다."(눅24:7)

(골로새서 1장)

하나님께서는 우리를 흑암의 권세에서 건져 내 하나님께서 사랑하시는 아들의 나라로 옮겨 주셔서 우리가 그 아들 안에서 구속 곧 죄 사함을 받았습니다.(골1:13-14)

그 아들은 보이지 않는 하나님의 형상이며, 모든 피조물이 창조되기 전부터 계셨던 분입니다.(골1:15)

하늘과 땅에 있는 만물들과, 보이는 것들은 물론 보이지 않은 왕권과 주권과 권력과 권세까지 다 그분을 통해 창조되었습니다.(골1:16-17)

또한 그분은 교회라는 몸의 머리가 되십니다. 그분은 모든 것의 시작이시고 만물 가운데 으뜸이 되기 위해, 죽은 자들 가운데서 제일 먼저 살아나셨습니다.(골1:18)

이것은 하나님께서 하나님의 모든 것이 그 아들 예수 그리스도 안에 머물러 있기를 원하셨기 때문에 가능한 일입니다.(골1:19)

하나님께서는 하나님의 아들인 예수 그리스도의 십자가의 피로 화평을 이루셔서, 만물 곧 땅에 있는 것들이나 하늘에 있는 것들이나 다 하나님과 화목하게 하셨습니다.(골1:20)

여러분이 전에는 하나님과 멀리 떨어져 있었기 때문에 악한 행실을 하며

하나님과 원수였지만,지금은 하나님께서 그리스도의 죽음을 통해 여러분과 화해하셨습니다.(골1:21)
그러니 여러분은 믿음의 터 위에 굳게 서서 복음의 소망에서 떠나지 마십시오.이 복음은 이미 여러분이 들었고, 하늘 아래 있는 모든 사람에게 퍼져 나갔으며,나 바울이 하나님의 일꾼으로 이 복음을 전하고 있습니다.(골1:23)
이 일을 위해 나도 내 안에서 능력으로 일하고 계시는 그리스도께 의지해 힘을 다해 수고하고 있습니다.(골1:29)

예수님이 주일 아침에 부활한 후, 전에 일곱 귀신을 쫓아내 준 막달라 마리아에게 먼저 나타났다.(막16:9)

그리고 이 소식을, 마리아가 예수님을 따르던 사람들이 슬퍼하며 울고 있는 곳으로 가 그들에게 전해 주었다. 그러나 그들은 이 말을 믿지 않았다.(막16:10-11)

바로 그날 여인들로부터 예수 부활의 증언을 들은 사람들 가운데 두 사람이, 예루살렘에서 약 삼십 리쯤 떨어진 엠마오라는 마을로 가면서 예루살렘에서 일어난 모든 일에 대해 대화를 주고받았다.(눅24:13-14)

그때 예수님이 두 사람에게 다가가 그들과 함께 걸었지만, 그들은 그분이 누구인지 알아보지 못했다.(눅24:15-16)

예수님이 그들과 함께 식탁에 앉아 빵을 들어 감사 기도를 드린 후에 빵을 떼어 나누어 주었다.(눅24:31)

그제야 그들의 눈이 열려 예수님을 알아보았는데, 바로 그 순간 예수님이 그들에게서 사라졌다.(눅24:32)

그들이 즉시 되돌아갔다. 가 보았더니 열한 제자와 예수님을 따르던 사람들이 모여서 그들도 과연 주님께서 살아나셔서 시몬에게 나타나셨다는 말을 하고 있었다.(눅24:33-34)

그들이 이런 이야기를 나누고 있을 때 갑자기 예수님이 그들 앞에 나타나 "여러분 모두에게 평안이 있기를!" 하고 말했다.(눅24:36)

그러나 그들은 자기들이 유령을 보고 있는 것으로 생각하고 잔뜩 겁을 먹었다.(눅24:37)

예수님이 그들에게 말했다. "왜들 그렇게 무서워하며 마음에 의심하십니까? 여기 내 손과 발을 보십시오. 바로 납니다. 나를 만져 보십시오. 유령은 뼈와 살이 없지만, 여러분이 보는 대로 나는 몸을 가지고 있습니다."(눅24:38-9)

성경에 이렇게 기록되어 있다. "그리스도는 고난을 받고 죽었다가 사흘째 되는 날 다시 살아난다.(눅24:46)

그리고 그리스도의 이름으로 회개하면 죄를 용서받는다는 기쁜 소식이, 예루살렘에서 시작해 온 민족에게로 전파될 것이다."(눅24:5-6)

(이사야 2장)
3. 많은 백성이 가며 이르기를 오라 우리가 여호와의 산에 오르며 야곱의 하나님의 전에 이르자 그가 그 도로 우리에게 가르치실 것이라 우리가 그 길로 행하리라 하리니 이는 율법이 시온에서부터 나올 것이요 여호와의 말씀이 예루살렘에서부터 나올 것임이니라
4. 그가 열방 사이에 판단하시며 많은 백성을 판결하시리니 무리가 그 칼을 쳐서 보습을 만들고 그 창을 쳐서 낫을 만들 것이며 이 나라와 저 나라가 다시는 칼을 들고 서로 치지 아니하며 다시는 전쟁을 연습지 아니하리라

예수님이 제자들에게 와서 말했다.

"아버지께서 내게 하늘과 땅의 모든 권세를 주셨습니다. 그러니 여러분이 가서 모든 민족을 제자로 삼아, 아버지와 아들과 성령의 이름으로 세례를 주고, 내가 그대들에게 명령한 모든 것을 가르쳐 지키도록 하십시오. 내가 세상 끝날까지 여러분과 함께 있을 것입니다."(마28:18-20)

(로마서 3장)
23. 모든 사람이 죄를 범하였으매 하나님의 영광에 이르지 못하더니
24. 그리스도 예수 안에 있는 구속으로 말미암아 하나님의 은혜로 값 없이 의롭다 하심을 얻은 자 되었느니라
25. 이 예수를 하나님이 그의 피로 인하여 믿음으로 말미암는 화목 제물로 세우셨으니 이는 하나님께서 길이 참으시는 중에 전에 지은 죄를 간과하심으로 자기의 의로우심을 나타내려 하심이니
26. 곧 이 때에 자기의 의로우심을 나타내사 자기도 의로우시며 또한 예수 믿는 자를 의롭다 하려 하심이니라
27. 그런즉 자랑할 데가 어디뇨 있을 수가 없느니라 무슨 법으로냐 행위로냐 아니라 오직 믿음의 법으로니라

승천하심

예수님은 십자가에 달려 돌아가신 후 사흘째 되는 날 살아났습니다. 그리고 40일 동안 사도들에게 여러 번 나타나, 확실한 증거로 자신이 살아났다는 것을 보여 주며 하나님 나라에 대해 말했습니다.(행1:3)

사도들이 함께 있을 때 그들이 예수님에게 이렇게 물었다.

"주님, 주님께서 이스라엘 왕국을 세워 주실 때가 지금입니까?"(행1:6)

예수님이 대답했습니다.

"때와 시기를 정하는 것은 오직 아버지의 권한이기 때문에 여러분이 알 바가 아닙니다. 하지만 여러분에게 성령이 임해 권능을 받으면, 예루살렘과 온 유대와 사마리아와 땅끝까지 내 증인이 될 것입니다."(행1:7-8)

이 말씀을 마치고 예수님이 그들이 보는 앞에서 승천했는데, 구름에 싸여 그 모습이 보이지 않았다.(행1:9)

제자들이 하늘만 바라보고 서 있는데, 그때 흰옷을 입은 두 천사가 그들에게 나타나 이렇게 말했다.(행1:10)

"갈릴리 사람들이여, 어찌하여 하늘만 쳐다보고 있습니까? 여러분을 떠나 승천하신 예수님은 훗날 하늘로 올라간 모습 그대로 다시 오십니다."(행1:11)

(에베소서 1장)
3. 찬송하리로다 하나님 곧 우리 주 예수 그리스도의 아버지께서 그리스도 안에서 하늘에 속한 모든 신령한 복으로 우리에게 복 주시되
4. 곧 창세 전에 그리스도 안에서 우리를 택하사 우리로 사랑 안에서 그 앞에 거룩하고 흠이 없게 하시려고
5. 그 기쁘신 뜻대로 우리를 예정하사 예수 그리스도로 말미암아 자기의 아들들이 되게 하셨으니
6. 이는 그의 사랑하시는 자 안에서 우리에게 거저 주시는바 그의 은혜의 영광을 찬미하게 하려는 것이라
7. 우리가 그리스도 안에서 그의 은혜의 풍성함을 따라 그의 피로 말미암아 구속 곧 죄 사함을 받았으니
8. 이는 그가 모든 지혜와 총명으로 우리에게 넘치게 하사
9. 그 뜻의 비밀을 우리에게 알리셨으니 곧 그 기쁘심을 따라 그리스도 안에서 때가 찬 경륜을 위하여 예정하신 것이니
10. 하늘에 있는 것이나 땅에 있는 것이 다 그리스도 안에서 통일되게 하려 하심이라
11. 모든 일을 그 마음의 원대로 역사하시는 자의 뜻을 따라 우리가 예정을 입어 그 안에서 기업이 되었으니
12. 이는 그리스도 안에서 전부터 바라던 우리로 그의 영광의 찬송이 되게 하려 하심이라
13. 그 안에서 너희도 진리의 말씀 곧 너희의 구원의 복음을 듣고 그 안에서 또한 믿어 약속의 성령으로 인치심을 받았으니
14. 이는 우리의 기업에 보증이 되사 그 얻으신 것을 구속하시고 그의 영광을 찬미하게 하려 하심이라
17. 우리 주 예수 그리스도의 하나님, 영광의 아버지께서 지혜와 계시의 정신을 너희에게 주사 하나님을 알게 하시고
18. 너희 마음눈을 밝히사 그의 부르심의 소망이 무엇이며 성도 안에서 그

기업의 영광의 풍성이 무엇이며
19. 그의 힘의 강력으로 역사하심을 따라 믿는 우리에게 베푸신 능력의 지극히 크심이 어떤 것을 너희로 알게 하시기를 구하노라
20. 그 능력이 그리스도 안에서 역사하사 죽은 자들 가운데서 다시 살리시고 하늘에서 자기의 오른 편에 앉히사
21. 모든 정사와 권세와 능력과 주관하는 자와 이 세상뿐 아니라 오는 세상에 일컫는 모든 이름 위에 뛰어나게 하시고
22. 또 만물을 그 발 아래 복종하게 하시고 그를 만물 위에 교회의 머리로 주셨느니라
23. 교회는 그의 몸이니 만물 안에서 만물을 충만케 하시는 자의 충만이니라

성령이 임하시다

예수님이 사도들과 함께 있는 자리에서 이렇게 말했습니다. "여러분은 예루살렘을 떠나지 말고, 내가 전에 일러 준 아버지의 약속을 기다리십시오.

요한은 물로 세례를 주었지만, 여러분은 이제 곧 성령으로 세례를 받게 됩니다."(행1:4)

성으로 돌아온 제자들은 그들이 묵고 있는 다락방으로 올라가 기도에 힘썼다.(행1:13)

오순절이 되어서 그들이 모두 한곳에 모여 있었다.(행2:1)

그때 갑자기 하늘에서 세찬 바람이 부는 것 같은 소리가 들리더니, 그 소리가 그들이 모여 있는 온 집안을 가득 채웠다.(행2:2)

그리고 불꽃 같은 혀들이 나타나 각 사람 위에 내리자, 그들이 모두 성령이 충만해져, 자신들도 알아듣지 못하는 다른 나라 언어로 말하기 시작했다.(행2:3-4)

그때 베드로가 열한 사도와 함께 일어나 군중을 향해 이렇게 외쳤다.(행2:14)

하나님께서 이렇게 말씀하셨습니다.

"마지막 때에 내가 내 영을 나를 섬기는 모든 사람들에게 부어 주겠다."(행2:17)

그 때 누구든지 주님의 이름을 부르는 자는 구원받을 것이다.(행2:21)

바로 이 예수님을 하나님께서 다시 살리셨고, 우리가 이 일의 증인입니다. 그러므로 지금 예수님께서 하나님 오른편에 앉으셔서 약속한 성령을 하나님께로부터 받아,

지금 여러분이 보고 들은 대로 그 성령을 우리에게 부어 주셨습니다.(행2:32-33)

여러분 모두 회개하고 예수 그리스도의 이름으로 세례를 받으십시오. 그러면 죄를 용서받고 선물로 성령을 받게 됩니다.(행2:38)

(요한복음 16장)
3. 저희가 이런 일을 할 것은 아버지와 나를 알지 못함이라
7. 그러하나 내가 너희에게 실상을 말하노니 내가 떠나가는 것이 너희에게 유익이라 내가 떠나가지 아니하면 보혜사가 너희에게로 오시지 아니할 것이요 가면 내가 그를 너희에게로 보내리니
13. 그러하나 진리의 성령이 오시면 그가 너희를 모든 진리 가운데로 인도하시리니 그가 자의로 말하지 않고 오직 듣는 것을 말하시며 장래 일을 너희에게 알리시리라
24. 지금까지는 너희가 내 이름으로 아무 것도 구하지 아니하였으나 구하라 그리하면 받으리니 너희 기쁨이 충만하리라
33. 이것을 너희에게 이름은 너희로 내 안에서 평안을 누리게 하려함이라 세상에서는 너희가 환난을 당하나 담대하라 내가 세상을 이기었노라 하시니라

예수 그리스도의 마음이 임하는 성령의 성전이 되라

-너희가 내 안에 내가 너희 안에-

아들을 통하여 말씀하시다

하나님께서 예전에는 예언자들을 통해 여러 번 여러 가지 모양으로 우리 조상들에게 말씀하셨습니다. 하지만 이 마지막 시대에는 아들을 통해 우리에게 말씀하십니다.

하나님께서는 아들을 통해 세상 만물을 창조하셨고, 또 아들을 만물의 상속자로 세우셨습니다.(히1:1-2)

그 아들은 하나님의 영광을 드러내는 찬란한 빛이시요 하나님 그 자체이시며 능력의 말씀으로 만물을 보전하시는 분이십니다. 그분은 인간의 죄를 깨끗이 씻어 주셨고, 지금은 높은 곳에 있는 지존하신 분의 오른편에 앉아 계십니다.(히1:3)

(로마서 10장)
17. 그러므로 믿음은 들음에서 나며 들음은 그리스도의 말씀으로 말미암았느니라

그러므로 믿음은 들음에서 생기고, 들음은 그리스도를 전하는 말씀에서 비롯됩니다.

하나님의 자녀인 우리들이 피와 살을 가졌기에 예수님께서도 피와 살을 가진 인간의 모습으로 이 땅에 오셨습니다. 그리고 죽으신 후에 부활하심으로써 마귀를 멸하셨습니다.(히2:14)

이 일을 통해 한평생 죽음의 공포에 매여 죽음의 종 노릇 하는 사람들을 해방시켜 주셨습니다.(히1:15)

이것은 분명히 예수님께서 믿음의 조상인 아브라함의 영적인 후손들을 도와주시는 것입니다.(히1:16)

(요한복음 14장)
20. 그 날에는 내가 아버지 안에, 너희가 내 안에, 내가 너희 안에 있는 것을 너희가 알리라
21. 나의 계명을 지키는 자라야 나를 사랑하는 자니 나를 사랑하는 자는 내 아버지께 사랑을 받을 것이요 나도 그를 사랑하여 그에게 나를 나타내리라

아버지의 뜻대로 행하라

나더러 주여 주여 하는 자마다 천국에 다 들어갈 것이 아니요 다만 하늘에 계신 내 아버지의 뜻대로 행하는 자라야 들어가리라.(마7:21)

그 날에 많은 사람이 나더러 이르되, 주여 주여 우리가 주의 이름으로 선지자 노릇하며 주의 이름으로 귀신을 쫓아 내며 주의 이름으로 많은 권능을 행치 아니하였나이까 하리니.(마7:22)

그 때에 내가 저희에게 밝히 말하되 내가 너희를 도무지 알지 못하니 불법을 행하는 자들아 내게서 떠나가라 하리라.(마7:23)

그러므로 누구든지 나의 이 말을 듣고 행하는 자는 그 집을 반석 위에 지은 지혜로운 사람 같으리니.(마7:24)

(요한복음 15장)
7. 너희가 내 안에 거하고 내 말이 너희 안에 거하면 무엇이든지 원하는 대로 구하라 그리하면 이루리라
8. 너희가 열매를 많이 맺으면 내 아버지께서 영광을 받으실 것이요 너희는 내 제자가 되리라

그리스도와 함께 상속자가 되게 하시다

하나님께서 구약 시대에는 이 비밀을 아무에게도 알려 주시지 않았지만, 지금은 성령을 통해 사도들과 예언자들에게 계시해 주십니다.(엡3:5)

그 비밀이란 이방인들도 그리스도의 복음을 듣고 그리스도 예수 안에서, 유대인들과 함께 공동 상속자가 되고 언약에 참여하는 사람이 된다는 것입니다.(엡3:6)

형제 여러분, 여러분은 자신을 잘 살펴서 불신앙의 악한 마음을 품어, 살아 계신 하나님으로부터 떨어져 나가는 사람이 되지 않도록 조심하십시오.(히1:12)

'오늘'이라고 하는 그날 서로서로 권면하여 아무도 죄의 유혹에 빠지지 않도록 하십시오.(히1:13)

그렇게 처음 믿을 때 가졌던 확신을 끝까지 지키면 우리도 그리스도와 함께 상속자가 됩니다.(히3:14)

좁은 문으로 들어가라

구하라 그리하면 너희에게 주실 것이요, 찾으라 그리하면 찾을 것이요, 문을 두드리라 그리하면 너희에게 열릴 것이니,(마7:7)

구하는 이마다 얻을 것이요 찾는 이가 찾을 것이요 두드리는 이에게 열릴 것이니라.(마7:8)

좁은 문으로 들어가라. 멸망으로 인도하는 문은 크고 그 길이 넓어 그리로 들어가는 자가 많고,(마7:13)

생명으로 인도하는 문은 좁고 길이 협착하여 찾는 이가 적음이니라.(마7:14)

좋은 나무가 나쁜 열매를 맺을 수 없고 못된 나무가 아름다운 열매를 맺을 수 없느니라.(마7:18)

아름다운 열매를 맺지 아니하는 나무마다 찍혀 불에 던지우니라.(마7:19)

이러므로 그의 열매로 그들을 알리라.(마7:20)

나는 양의 문이라

그러므로 예수께서 다시 이르시되 내가 진실로 진실로 너희에게 말하노니 나는 양의 문이라.(요10:7)

내가 문이니 누구든지 나로 말미암아 들어가면 구원을 얻고,

또는 들어가며 나오며 꼴을 얻으리라.(요10:9)

나는 선한 목자라 선한 목자는 양들을 위하여 목숨을 버리거니와(요10:11)

삯군은 목자도 아니요 양도 제 양이 아니라 이리가 오는 것을 보면 양을 버리고 달아나나니 이리가 양을 늑탈하고 또 헤치느니라.(요10:12)

나는 선한 목자라 내가 내 양을 알고 양도 나를 아는 것이(요10:14)
아버지께서 나를 아시고 내가 아버지를 아는 것 같으니 나는 양을 위하여 목숨을 버리노라.(요10:15)
또 이 우리에 들지 아니한 다른 양들이 내게 있어 내가 인도하여야 할 터이니,
저희도 내 음성을 듣고 한 무리가 되어 한 목자에게 있으리라.(요10:16)
아버지께서 나를 사랑하시는 것은 내가 다시 목숨을 얻기 위하여 목숨을 버림이라.(요10:17)

나는 포도나무요 너희는 가지라

내가 참 포도나무요 내 아버지는 그 농부라.(요15:1)
무릇 내게 있어 과실을 맺지 아니하는 가지는 아버지께서 이를 제해 버리시고,
무릇 과실을 맺는 가지는 더 과실을 맺게 하려하여 이를 깨끗케 하시느니라.(요15:2)
내 안에 거하라. 나도 너희 안에 거하리라. 가지가 포도나무에 붙어 있지 아니하면 절로 과실을 맺을 수 없음 같이 너희도 내 안에 있지 아니하면 그러하리라.(요15:4)
나는 포도나무요 너희는 가지니 저가 내 안에 내가 저 안에 있으면 이 사람은 과실을 많이 맺나니 나를 떠나서는 너희가 아무 것도 할 수 없음이라.(요15:5)
사람이 내 안에 거하지 아니하면 가지처럼 밖에 버리워 말라지나니 사람들이 이것을 모아다가 불에 던져 사르느니라.(요15:6)

너희가 내 안에 거하고 내 말이 너희 안에 거하면, 무엇이든지 원하는 대로 구하라 그리하면 이루리라.(요15:7)

너희가 과실을 많이 맺으면 내 아버지께서 영광을 받으실 것이요 너희가 내 제자가 되리라.(요15:8)

아버지께서 나를 사랑하신 것 같이 나도 너희를 사랑하였으니 나의 사랑 안에 거하라.(요15:9)

내가 아버지의 계명을 지켜 그의 사랑 안에 거하는것 같이,

너희도 내 계명을 지키면 내 사랑 안에 거하리라.(요15:10)

내 계명은 곧 내가 너희를 사랑한 것 같이 너희도 서로 사랑하라 하는 이것이니라.(요15:12)

성령을 받으라, 진리의 영, 보혜사

진실로 진실로 네게 이르노니,

사람이 물과 성령으로 나지 아니하면 하나님 나라에 들어갈 수 없느니라.(요3:5)

육으로 난 것은 육이요 성령으로 난 것은 영이니(요3:6)

내가 네게 거듭나야 하겠다 하는 말을 기이히 여기지 말라.(요3:7)

바람이 임의로 불매 네가 그 소리를 들어도 어디서 오며 어디로 가는지 알지 못하나니,

성령으로 난 사람은 다 이러하니라.(요3:8)

내가 아버지께로 나와서 세상에 왔고 다시 세상을 떠나 아버지께로 가노라 하시니(요16:28)

내가 아버지께로서 너희에게 보낼 보혜사, 곧 아버지께로서 나오시는 진리의 성령이 오실 때에 그가 나를 증거하실 것이요(요15:26)

너희도 처음부터 나와 함께 있었으므로 증거하느니라.(요15:27)

내가 너희에게 실상을 말하노니 내가 떠나가는 것이 너희에게 유익이라, 내가 떠나가지 아니하면 보혜사가 너희에게로 오시지 아니할 것이요, 가면 내가 그를 너희에게로 보내리니(요16:7)

그러하나 진리의 성령이 오시면 그가 너희를 모든 진리 가운데로 인도하시리니,

그가 자의로 말하지 않고 오직 듣는 것을 말하시며 장래 일을 너희에게 알리시리라.(요16:13)

그가 와서 죄에 대하여 의에 대하여 심판에 대하여 세상을 책망하시리라.(요16:8)

죄에 대하여라 함은 저희가 나를 믿지 아니함이요(요16:9)

의에 대하여라 함은 내가 아버지께로 가니 너희가 다시 나를 보지 못함이요(요16:10)

심판에 대하여라 함은 이 세상 임금이 심판을 받았음이니라.(요16:11)

영생은 곧 유일하신 참 하나님과 그의 보내신 자 예수 그리스도를 아는 것이니이다.(요17:3)

아버지여 창세 전에 내가 아버지와 함께 가졌던 영화로써,

지금도 아버지와 함께 나를 영화롭게 하옵소서.(요17:5)

내가 세상에 속하지 아니함 같이 저희도 세상에 속하지 아니하였삽나이다.(요17:16)

아버지께서 나를 세상에 보내신 것 같이 나도 저희를 세상에 보내었고(요17:18)

또 저희를 위하여 내가 나를 거룩하게 하오니,

이는 저희도 진리로 거룩함을 얻게 하려 함이니이다.(요17:19)

이 날 곧 안식 후 첫날 저녁 때에 제자들이 유대인들을 두려워하여 모인 곳에 문들을 닫았더니,

예수께서 오사 가운데 서서 가라사대 너희에게 평강이 있을지어다.(요20:19)

예수께서 또 가라사대 너희에게 평강이 있을지어다.

아버지께서 나를 보내신 것 같이 나도 너희를 보내노라.(요20:21)

이 말씀을 하시고 저희를 향하사 숨을 내쉬며 가라사대, 성령을 받으라.(요20:22)

(사도행전 1장)

8. 오직 성령이 너희에게 임하시면 너희가 권능을 받고 예루살렘과 온 유대와 사마리아와 땅 끝까지 이르러 내 증인이 되리라 하시니라

13. 들어가 그들이 유하는 다락방으로 올라가니 베드로, 요한, 야고보, 안드레와 빌립, 도마와 바돌로매, 마태와 및 알패오의 아들 야고보, 셀롯인 시몬, 야고보의 아들 유다가 다 거기 있어

14. 여자들과 예수의 모친 마리아와 예수의 아우들로 더불어 마음을 같이 하여 전혀 기도에 힘쓰더라

15. 모인 무리의 수가 약 백이십 명이나 되더라

(사도행전 2장)
1. 오순절 날이 이미 이르매 그들이 다같이 한 곳에 모였더니
4. 그들이 다 성령의 충만함을 받고 성령이 말하게 하심을 따라 다른 언어들로 말하기를 시작하니라
17. 하나님이 이르시되 말세에 내가 내 영을 모든 육체에 부어 주리니 너희의 자녀들은 예언할 것이요 너희의 젊은이들은 환상을 보고 너희의 늙은 이들은 꿈을 꾸리라
21. 누구든지 주의 이름을 부르는 자는 구원을 얻으리라 하였느니라
42. 그들이 사도의 가르침을 받아 서로 교제하며 떡을 떼며 오로지 기도하기를 힘쓰니라

생명의 성령의 법

그러므로 이제 그리스도 예수 안에 있는 자에게는 결코 정죄함이 없나니(롬8:1)

이는 그리스도 예수 안에 있는 생명의 성령의 법이 죄와 사망의 법에서 너를 해방하였음이라.(롬8:2)

율법이 육신으로 말미암아 연약하여 할 수 없는 그것을 하나님은 하시나니

곧 죄를 인하여 자기 아들을 죄 있는 육신의 모양으로 보내어 육신에 죄를 정하사(롬8:3)

육신을 좇지 않고 그 영을 좇아 행하는 우리에게 율법의 요구를 이루어지게 하려 하심이니라.(롬8:4)

육신의 생각은 사망이요,

영의 생각은 생명과 평안이니라.(롬8:6)

만일 너희 속에 하나님의 영이 거하시면 너희가 육신에 있지 아니하고 영에 있나니,

누구든지 그리스도의 영이 없으면 그리스도의 사람이 아니라(롬8:9)
예수를 죽은 자 가운데서 살리신 이의 영이 너희 안에 거하시면 그리스도 예수를 죽은 자 가운데서 살리신 이가,

너희 안에 거하시는 그의 영으로 말미암아 너희 죽을 몸도 살리시리라.(롬8:11)

무릇 하나님의 영으로 인도함을 받는 그들은 곧 하나님의 아들이라.(롬8:14)

너희는 다시 무서워하는 종의 영을 받지 아니하였고,

양자의 영을 받았으므로, 아바 아버지라 부르짖느니라.(롬8:15)

성령이 친히 우리 영으로 더불어 우리가 하나님의 자녀인 것을 증거하시나니.(롬8:16)

자녀이면 또한 후사 곧 하나님의 후사요 그리스도와 함께한 후사니,

우리가 그와 함께 영광을 받기 위하여 고난도 함께 받아야 될 것이니라.(롬8:17)

성령의 열매

그리스도 예수 안에서는 할례나 무할례가 효력이 없되 사랑으로써 역사하는 믿음 뿐이니라.(갈5:6)

내가 이르노니 너희는 성령을 따라 행하라 그리하면 육체의 욕심을 이루지 아니하리라.(갈5:16)

육체의 소욕은 성령을 거스리고, 성령의 소욕은 육체를 거스리나니,

이 둘이 서로 대적함으로 너희의 원하는 것을 하지 못하게 하려 함이니라.(갈5:17)

너희가 만일 성령의 인도하시는 바가 되면 율법 아래 있지 아니하리라.(갈 5:18)

오직 성령의 열매는 사랑과 희락과 화평과 오래 참음과 자비와 양선과 충성과(갈5:22) 온유와 절제니 이같은 것을 금지할 법이 없느니라.(갈5:23)

그리스도 예수의 사람들은 육체와 함께 그 정욕과 탐심을 십자가에 못 박았느니라.(갈5:24)

만일 우리가 성령으로 살면 또한 성령으로 행할지니,(갈5:25)

헛된 영광을 구하여 서로 격동하고 서로 투기하지 말지니라.(갈5:26)

(요한일서 5장)

5. 예수께서 하나님의 아들이심을 믿는 자가 아니면 세상을 이기는 자가 누구뇨

6. 이는 물과 피로 임하신 자니 곧 예수 그리스도시라 물로만 아니요 물과 피로 임하셨고

7. 증거하는 이는 성령이시니 성령은 진리니라

8. 증거하는 이가 셋이니 성령과 물과 피라 또한 이 셋이 합하여 하나이니라

11. 또 증거는 이것이니 하나님이 우리에게 영생을 주신 것과 이 생명이 그의 아들 안에 있는 그것이니라

12. 아들이 있는 자에게는 생명이 있고 하나님의 아들이 없는 자에게는 생명이 없느니라

13. 내가 하나님의 아들의 이름을 믿는 너희에게 이것을 쓴 것은 너희로 하여금 너희에게 영생이 있음을 알게 하려 함이라

18. 하나님께로서 난 자마다 범죄치 아니하는 줄을 우리가 아노라 하나님께로서 나신 자가 저를 지키시매 악한 자가 저를 만지지도 못하느니라

19. 또 아는 것은 우리는 하나님께 속하고 온 세상은 악한 자 안에 처한 것이며

20. 또 아는 것은 하나님의 아들이 이르러 우리에게 지각을 주사 우리로 참
된 자를 알게 하신 것과 또한 우리가 참된 자 곧 그의 아들 예수 그리스도
안에 있는 것이니 그는 참 하나님이시요 영생이시라

새 언약과 마음의 할례를 위한 하나님의 CORE 말씀 되새기기

너희는 마음에 할례를 받고, 다시는 고집을 부리지 말아라.(신10:16)

호렙에서 이스라엘 자손과 세우신 언약 외에, 여호와께서 모세에게 명하사 모압 땅에서, 또 그들과 세우신 언약의 말씀이 이러하니라.(신29:1)

여호와께서 이왕에 네게 말씀하신 대로, 또 네 열조 아브라함과 이삭과 야곱에게 맹세하신 대로,

오늘날 너를 세워 자기 백성을 삼으시고 자기는 친히 네 하나님이 되시려 함이니라.(신29:13)

내가 이 언약과 맹세를 너희에게만 세우는 것이 아니라.(신29:14)

오늘날 우리 하나님 여호와 앞에서 우리와 함께 여기 선 자와, 오늘날 우리와 함께 여기 있지 아니한 자에게 까지니.(신29:15)

"네 하나님 여호와께서, 네 마음과 네 자손의 마음에 할례를 베푸사 너로 마음을 다하며 뜻을 다하여

네 하나님 여호와를 사랑하게 하사 너로 생명을 얻게 하실 것이다."(신30:6)

유다인과 예루살렘 거민들아, 너희는 스스로 할례를 행하여 너희 마음 가죽을 베고 나 여호와께 속하라, 그렇지 아니하면 너희 행악을 인하여, 나의 분노가 불 같이 발하여 사르리니 그것을 끌 자가 없으리라.(렘4:4)

너희에게 새로운 마음을 주고, 너희 속에 새로운 영을 넣어 주며,

너희 몸에서 돌같이 굳은 마음을 없애고 살갗처럼 부드러운 마음을 주며(겔36:26)

너희 속에 내 영을 두어, 너희가 나의 모든 율례대로 행동하게 하겠다.

그러면 너희가 내 모든 규례를 지키고 실천할 것이다.(겔36:27)

나 여호와가 말하노라, 보라 날이 이르리니,

내가 이스라엘 집과 유다 집에 새 언약을 세우리라.(렘31:31)

이 언약은, 내가 그들의 열조의 손을 잡고 애굽 땅에서 인도하여 내던 날에 세운것과 같지 아니할 것은, 내가 그들의 남편이 되었어도 그들이 내 언약을 파하였음이니라.(렘31:32)

그러나 그 날 후에 내가 이스라엘 집에 세울 언약은 이러하니, 곧 내가 나의 법을 그들의 속에 두며 그 마음에 기록하여, 나는 그들의 하나님이 되고 그들은 내 백성이 될 것이라.(렘31:34)

그는 새 언약의 중보자시니, 이는 첫 언약 때에 범한 죄를 속하려고 죽으사,

부르심을 입은 자로 하여금 영원한 기업의 약속을 얻게 하려 하심이니라.(히9:15)

새 언약이라 말씀하셨으매,

첫것은 낡아지게 하신 것이니 낡아지고 쇠하는 것은 없어져가는 것이니라.(히8:13)

주께서 가라사대, 그 날 후에 내가 이스라엘 집으로 세울 언약이 이것이니,
내 법을 저희 생각에 두고 저희 마음에 이것을 기록 하리라.
나는 저희에게 하나님이 되고 저희는 내게 백성이 되리라.(히8:10)

한번 죽는 것은 사람에게 정하신 것이요, 그 후에는 심판이 있으리니(히9:27)
이와 같이 그리스도도 많은 사람의 죄를 담당하시려고,
단번에 드리신 바 되셨고, 구원에 이르게 하기 위하여,
죄와 상관 없이 자기를 바라는 자들에게 두 번째 나타나시리라.(히9:28)

이에 내가 말하기를 하나님이여 보시옵소서,
두루마리 책에 나를 가리켜 기록한 것과 같이, 하나님의 뜻을 행하러 왔나이다 하시니라.(히10:7)

예수께서 대답하시되, 위에서 주지 아니하셨더면 나를 해할 권세가 없었으리니,
그러므로 나를 네게 넘겨 준 자의 죄는 더 크니라 하시니(요19:11)

그 후에 말씀하시기를 보시옵소서, 내가 하나님의 뜻을 행하러 왔나이다 하셨으니,
그 첫 것을 폐하심은 둘째 것을 세우려 하심이니라.(히10:9)

이 뜻을 좇아 예수 그리스도의 몸을 단번에 드리심으로 말미암아, 우리가 거룩함을 얻었노라.(히10:11)

아버지께서 나를 사랑하시는 것은, 내가 다시 목숨을 얻기 위하여 목숨을 버림이라.(요10:17)

이를 내게서 빼앗는 자가 있는 것이 아니라, 내가 스스로 버리노라. 나는 버릴 권세도 있고 다시 얻을 권세도 있으니 이 계명은 내 아버지에게서 받았노라 하시니라.(요10:18)

할례는 마음에 할지니 영에 있고 율법조문에 있지 아니한 것이라,
그 칭찬이 사람에게서가 아니요 다만 하나님에게서니라.(롬2:29)

믿음의 주요 또 온전케 하시는 이인 예수를 바라보자.
저는 그 앞에 있는 즐거움을 위하여 십자가를 참으사,
부끄러움을 개의치 아니하시더니 하나님 보좌 우편에 앉으셨느니라.(히12:2)

그러므로 믿음은 들음에서 나며 들음은 그리스도의 말씀으로 말미암았느니라.(롬10:17)
오직 주 예수 그리스도로 옷입고 정욕을 위하여 육신의 일을 도모하지 말라.(롬13:14)

하루에 읽는 성경의 핵심 말씀
마무리

성경 바로보기
5부

그리스도의 법이 마음에 심어진 신앙

마음의 할례로 새 언약의 일꾼 되는 신앙인

예수 그리스도의 성령이 내 안에 거하셔야 합니다

사람은 연약합니다. 육체가 존재함으로 연약할 수밖에 없습니다. 몸이 너무 아프면 하나님께 치유하심을 기도할 수밖에 없습니다. 배가 너무 고프면 하나님께 먹을 것을 달라고 기도할 수밖에 없습니다. 나라가 전쟁으로 폐허가 되면 침략자로부터 보호하시고 이기게 해 달라고 기도할 수밖에 없습니다. 자녀가 자기의 자리를 못 잡거나 아픈 데가 있으면 자녀를 위해 기도할 수밖에 없습니다.

그러나 그렇게 기도에 응답해 주시어서 문제가 해결되면 성숙한 신앙인으로 하나님만을 사랑하는 사람이 될 수 있을까요?

지금은 의학도 발전시켜 주시어 불치병이었던 암으로부터도 낫게 하는 시대입니다. 나라도 구해 주시고 선진국이 되어 어떤 좋은 것을 먹을까 하는 시대입니다. 다이어트로 건강함으로 예쁜 청춘을 오래 머물게 하는 프로그램이 성업 중인 시대입니다.

이것은 이미 구약을 통하여 하나님이 알려 주신 바 있는 사람의 자기애와 욕망의 죄성입니다.

예수 그리스도가 십자가에서 흘리신 피가,

우리의 마음에 성령으로 새 언약의 사람으로 거듭남을 주시는 하나님의 언약도, 듣지 않고 보지 않으면 아무 소용이 없게 되는 것입니다.

하나님은 그러한 것을 보고 침묵하실 것입니다. 말씀하신 복을 주시지 않고, 심판 때에 그 죄를 꺼내실 것입니다.

왜냐하면 이미 오랜 시간과 자신을 십자가에 내어 주시기까지 기록하시고 말씀하시고, 은혜를 주신 하나님은 이제 심판만이 하실 수 있는 유일한 수단이 되었기 때문입니다.

우리는 살아 있을 때, 예수 이름으로 살아야 하는 임무가 있습니다. 예수 이름으로 살아 내야 하는 경주자의 의무가 있습니다. 여전히 죄의 기운을 뿜어내는 사단과 귀신의 무리를 예수 이름으로 쫓아내며, 약한 자와 소외된 자, 불우한 이웃을 구해야 할 책임이 있습니다.

우리 마음이 예수 이름으로 행동을 나타내야 합니다.

우리 생각이 예수님만으로 기뻐하고 찬양해야 합니다.

성령 하나님은 예수 이름으로 오시어 우리 안에서 하나님의 나라를 만들기 때문입니다.

성령 하나님이 임하여 하나님의 나라 백성이 된 사람들이 모인 곳이 교회입니다. 예수 이름으로 살아 있는 예수 생명체들이 모여 예배하는 곳이 교회 예배입니다.

그러한 장소가 교회 예배당입니다.

성전은 교회의 건물이 아니라, 예수 이름으로 살아가는 사람이 성전입니다. 신약의 인물들은 모두 그러한 영광 받으실 이름 예수 이름으로 전도하며 순교하였습니다.

예수 그리스도의 피는 하나님이 죄를 보시지 않는 피입니다.

내가 지은 죄가 사라지는 피가 아닙니다. 죄는 남아 있습니다.

단지 예수 이름이 마음에서 살아 있는 자,

성령이 내주하는 마음을 가진 자들에게는 하나님이 그 죄를 간과하시어 보시지 않고, 죄 없다고 해 주신다는 말씀입니다.

예수 그리스도의 피가 내 마음에 할례가 되어 예수 이름으로 살아가는 자들은, 죄를 미워하고, 싫어하고, 죄가 있는 자리에 가지 않게 됩니다. 죄가 있을 만한 자리에 가는 것을 싫어하게 됩니다.

우리가 매일 성령 하나님과 함께 살아갈 수 있는 길은 하나님만을 사랑하며 부르는 기도입니다.

우리는 성령과 동행한다, 성령 충만하다, 성령 충만해야 한다고 말을 많이 하기도 하고 듣고 있습니다.

그리스도가 보내신 성령이 없으면 사실 우리는 그리스도의 전이 아닙니다. 그리스도가 보내신 성령이 내 안에 거하지 않으면 하나님의 말씀을 들을 수 없습니다.

교회에 오는 것이 성령의 인도하심은 맞습니다. 그러나 인도하심이 내주하심은 아닙니다. 내주는 계속 거하시는 것이고, 인도하심은 한 번 방문해 주신 것과 다름없습니다.

하나님의 인도하심으로 하나님을 알게 되었다면, 하나님과 깊은 기도와 말씀 안에서 신앙인으로 성장해 가야 합니다. 하나님은 그것을 비유로 말씀해 주셨습니다.

예수께서 그들에게 비유로 여러 가지를 말씀하셨는데, 이렇게 이르셨다.

"보아라, 씨를 뿌리는 사람이 씨를 뿌리러 나갔다.

그러나 더러는 좋은 땅에 떨어져서 열매를 맺었는데,

어떤 것은 백 배가 되고, 어떤 것은 육십 배가 되고, 어떤 것은 삼십 배가 되었다.

누구든지 하늘나라를 두고 하는 말씀을 듣고도 깨닫지 못하면, 악한 자가 와서,

그 마음에 뿌려진 것을 빼앗아 간다. 길가에 뿌린 씨는 그런 사람을 두고 하는 말이다.

또 자갈밭에 뿌린 씨는 이런 사람이다.

그는 말씀을 듣고, 곧 기쁘게 받아들이기는 하지만, 그 속에 뿌리가 없어서 오래 가지 못하고,

그 말씀 때문에 환난이나 박해가 일어나면, 곧 걸려 넘어진다.

또 가시덤불 속에 뿌린 씨는 이런 사람이다. 그는 말씀을 듣기는 하지만,

세상의 염려와 재물의 유혹이 말씀을 막아, 열매를 맺지 못한다.

그런데 좋은 땅에 뿌린 씨는 말씀을 듣고서 깨닫는 사람을 두고 하는 말인데,

그 사람이야말로 열매를 맺되, 백 배 혹은 육십 배 혹은 삼십 배의 결실을 낸다."(마13:3-23)

예수께서 그들에게 또 다른 비유를 들어서 말씀하셨다.

"하늘나라는 자기 밭에다가 좋은 씨를 뿌리는 사람과 같다."(마13:24)

성령 충만한 것은 성령 하나님이 주시는 마음으로 주님께 기쁨과 감사가 넘치고, 매일 예수 이름으로 자신의 삶을 살아 내며 예수 생명으로 죄를 이기는 상태를 말하는 것입니다.

구약의 성경을 통해 이스라엘이 결국 첫 언약인 십계명을 지키지 못

했음을 알았습니다.

사람의 마음은 부패하여 성공과 성취로부터 시작되는 이생의 자랑을 위하여 육체의 정욕, 안목의 정욕을 이길 수 없기 때문입니다.

우리는 하나님이 정하시는 죄를 잘 알아야 합니다.

하나님으로부터 멀어지는 모든 것이 죄라고 하나님은 말씀합니다.

이 죄를 이해하기 어렵다면 예수 그리스도의 죽음은 사도 바울이 말한 것처럼 헛되게 죽으신 것입니다. 죄가 없는 우리를 위해 죽었다는 것은 앞뒤가 맞지 않는 모순입니다.

그러나 많은 그리스도인들이 죄를 모르고 있습니다.

사람이 정한 법을 죄로 생각하기 때문입니다. 그래서 하나님과의 깊은 기도가 필요합니다.

죄를 모르고, 성령을 모르고, 하나님의 창조 질서와 지금도 살아 계셔서 역사를 주관한다는 것을 모르거나, 그런 것도 같고, 아닌 것도 같다고 하면, 지금 하는 방식의 기도는 멈추어야 합니다. 그리고 하나님이 말씀하시는 죄를 알게 해 달라고 기도해야 합니다.

우리의 죄를 대속하신 예수님만을 사랑하게 해 달라고 간절하게 기도해야 합니다. 하나님이 말씀으로 창조하신 세상 만물에서 창조성을 보게 해 달라고 기도해야 합니다.

예수 그리스도의 오병이어와 물 위를 걸으시고, 모든 이적을 행하신 성경의 기록이 이해되도록 알려 달라고 갈급하게 기도하셔야 합니다. 이러한 질문은 사람의 답변으로 얻어서 만족되는 것이 아닙니다.

살아 계신 하나님이 그래서 "구하라 그러면 너희에게 주실 것이요

찾으라 그러면 찾을 것이요 문을 두드리라 그러면 너희에게 열릴 것이니 구하는 이마다 얻을 것이요 찾는 이가 찾을 것이요 두드리는 이에

게 열릴 것이니(마7:7-8)"라고 말씀하신 것입니다.

하늘나라는 자기 밭에다가 좋은 씨를 뿌리는 사람과 같다고 말씀하신 것입니다.

성령 하나님은 하나님 아버지와 성자 하나님과 동격인 진리의 하나님입니다. 우리가 진리를 구하면 답을 주십니다.

세상의 것에 미혹되어 이생의 것이나 성령의 표적에 관심을 갖고, 예수 이름을 찾지 않으면, 사단이 대신 대답을 하여 주게 됩니다.

많은 이단이 생기고, 정통 교회가 진리가 아닌 길로 가는 것은, 사단의 대답에 현혹되어 세상 속으로 들어갔기 때문입니다. 세상은 예수 그리스도의 이름으로 열심히 살아가야 하는 우리의 삶의 현장입니다.

삶의 현장을 버릴 수 없는 우리들은,

오직 우리 마음에 거하시길 원하시는 성령 하나님을 붙잡고,

예수 그리스도께 감사하며 이 삶을 당당히 고난 앞에서 걸어가야 하는 것입니다. 예수 이름을 가슴에 단 자를 대적할 마귀는 이 세상에 없습니다.

영적인 삶은 매일 밥을 먹는 것 이상으로 우리 마음을 예수 그리스도께 고정하는 것입니다.

지금 마음을 어디에 두고 계십니까?

우리를 죄에서 구원하시려고 피를 흘리시는 예수의 십자가를 떠올리시길 바랍니다.

하나님이 우리의 마음에 들어오시려면 우리의 마음이 예수 그리스도를 사랑하는 마음으로 변해 있어야 합니다. 모든 미움과 분노가 머물지 못하게 하여야 성령 하나님이 거하는 전이될 수 있습니다.

우리는 부단한 경건의 연습을 하여야 합니다.

하나님을 바라는 기도 / 쉬지 않는 기도 훈련

부단한 경건의 연습은 하나님이 바라시는 기도로부터 시작합니다. 아브라함, 이삭, 야곱은 하나님의 이름을 부르는 기도의 제단을 쌓았습니다.

여호와의 이름을 부르더니(창12:8, 창26:25, 창35:3)
하나님의 이름을 부르며 오로지 기도에 힘써야 합니다.
오로지 기도에 힘쓰더라.(행1:14)

하나님의 이름을 부르며 하나님의 나라와 하나님의 의가 내 마음과 생각을 주관하게 해야 합니다.
먼저 그의 나라와 그의 의를 구하라 그리하면 이 모든 것을 더하시리라.(마6:33)

하나님의 이름을 부르며 성령 하나님이 마음에 오시기를 구하고 찾고 두드려야 합니다.
온 마음으로 나를 구하면 나를 찾을 것이요 나를 만나리라.(렘29:13)

하나님의 이름을 부르며 마음과 뜻과 힘을 다하여 사랑을 선포해야 합니다.
너는 마음을 다하고 뜻을 다하고 힘을 다하여 네 하나님 여호와를 사랑하라.(신6:4)

하나님의 이름을 간절히 부르며 예수 그리스도의 십자가 흘리신 피가 내 마음에 새겨져야 합니다.

예수께서 고뇌에 차서 더욱 간절히 기도하시니, 땀이 핏방울같이 되어서 땅에 떨어졌다.(눅22:44)

하나님을 부르는 기도는 언제 어디서나 형식에 얽매임이 없이 불러야 합니다.

너는 마음을 다하고, 뜻을 다하고, 힘을 다하여, 주 너희의 하나님을 사랑하여라.

집에 앉아 있을 때에도,

길을 갈 때에도,

누워 있을 때에도,

일어나 있을 때에도 이 말씀을 마음에 새기고 자녀에게 가르쳐라.(신6:5-6)

하나님을 사랑하는 마음을 갖고 집중해서 계속 부르셔야 합니다.

예수 그리스도의 십자가 고난을 마음에 새기며 골방에서는 전심으로, 사람이 붐비는 곳에서는 마음으로, 생각에 새기며 예수 이름을 불러야 합니다.

이렇게 기도하는 것이 쉬지 않고 기도하는 것입니다. 하나님의 이름을 부르며 쉬지 않고 기도하는 연습을 해야 합니다.

쉬지 말고 기도하라.(살전5:17)

하나님의 이름은 하나님, 성령님, 예수님입니다.

쉬지 않고 기도하는 것은 언제나 마음속에서 생각 속에서 예수 이름을 부르는 것입니다. 하나님을 부르는 것입니다.

예수 그리스도의 이름으로 보내 주시는 진리의 성령님,

내게 와 주시어 나의 마음을 다스려 주세요.

하나님 아버지시여, 예수 그리스도시여, 성령 하나님이시여.

성령 하나님 제게 마음의 할례로 그리스도의 아픔에 참여하게 하여 주시옵소서. 하나님의 임재가 지금 제 마음에 임하고 있음을 깨닫는 마음을 주시옵소서. 나의 생각과 마음의 모든 것이 오직 예수 그리스도 한 분으로 만족하는 삶을 주시옵소서.

나의 왕이신 예수님 나를 다스려 주세요. 나를 통치해 주세요.

하나님 아버지 나를 불쌍히 여겨 주세요.

쉬지 않고 기도할 수 있는 단어와 문장입니다.

하나님을 사랑하는 마음이 매일 매 순간 떠올라야 합니다.

우리의 마음이 다른 생각으로 번민할 때마다,

생각이 없을 때마다, 생각이 공상을 떠돌지 않도록,

하나님께 나의 마음을 드리는 기도를 해야 하는 것입니다.

하나님을 매일 부르는 것입니다. 마음에 새기는 것입니다. 언제든지 기도하는 것입니다.

기도에 집중하고 집중이 흩어지면 예수님이 십자가에서 고난의 피를 흘리시는 모습을 떠올리고 예수 피, 예수 보혈을 외쳐야 합니다. 예수 그리스도가 '내 피를 마시고 내 살을 먹는 자는 영생을 가졌다'라고 하신 말씀은 사단을 이기는 생명임을 알아야 합니다.

예수 이름으로 명하노니 기도를 방해하는 사단과 귀신은 나갈지어다 명령해야 합니다.

마음과 생각의 상태를 공허하거나 실망하거나 잡념이나 공상, 허무나 허탈에 두지 말아야 합니다,

우리의 왕 되신 예수 그리스도의 십자가 아픔과 그 슬픔을 참아 내신, 하나님 아버지께 감사하는 마음으로 살아가야 합니다.

진리는 하나님을 사모하는 말씀과 기도를 통하여 하나님이 열어 주시는 것입니다. 하나님은 우리를 불쌍히 여기시어 교회로 오도록 마음의 문을 열어 주셨습니다.

기도는 자기의 자유 의지로 자기의 결심을 행동으로 옮겨야 합니다. 하나님은 자신이 의지도 없는데 밀어주시어 기도가 기쁘고 하나님을 사랑하게 하는 것이 아닙니다. 자신이 기도의 자리에 서고 하나님이 두드리는 자에게 그 문을 열어 주시는 것입니다.

하나님의 생명으로 자라나는 것은 자기가 결심으로 보여 주는 하나님을 향한 기도입니다. 성경 읽기와 하나님을 부르는 기도로 하나님의 성령이 나의 마음과 생각에 오기를 기도하는 것입니다.

그러면 성령 하나님이 내주하기 시작하시는 것입니다.

우리의 마음 밭이 변하며 결실을 맺게 되는 것입니다.

그러면 하나님은 분명 응답하시겠다고 언약하셨습니다.

그 응답은 우리를 거듭나게 하는 것입니다.

거듭남은 새 언약의 일꾼으로 성령의 열매를 맺는 하나님의 자녀가 되는 것입니다. 살아 있는 하나님의 성전이며 예수 그리스도가 머리가 되는 교회가 되는 것입니다.

믿음은 보이지 않는 죄와 싸워 이기는 것입니다.

하나님이 주시는 성령을 받기 위해 기도에 힘쓰면 하나님이 이기게 하여 주시는 것입니다.

성령도 공짜, 은혜도 공짜, 기도의 힘도 공짜로 주는 것이 아닙니다. 그것은 하나님께 간구해야 주시는 것입니다.

성령 하나님이 겉으로 오시지 않고, 내 안에 거하셔야 하나님의 나라가 내게 이루어지는 것입니다. 성령은 그냥 표적이나 표식이 아닙니다. 성령은 하나님의 본체입니다.

교회에 오면 하나님이 그냥 내 안에서 거주한다고, 그렇게 설교하는 이들이 있습니다. 교회로의 인도함은 맞지만 성령의 내주하심은 경건의 연습을 통하여야 합니다. 거짓의 영들이 종교 지도자의 마음과 생각을 미혹하기 때문입니다.

예수 이름으로 살아가는 것이 교회만 나오면 되는 일입니까?

학교를 다니면 모두 대학에 가고, 대학만 나오면 모두 원하는 직장을 가지게 되는 것입니까?

기도도 성경도 자신이 스스로 하는 것입니다. 그러면 하나님이 응답해 주시기 시작합니다.

성경을 모르는데 하나님의 말씀을 알 수 없습니다.

내 육신의 기도만 하는 사람에게는 사단도 응답을 해 줍니다. 세상의 영광을 구하는 기도는 사단도 이루어 줍니다. 예수 그리스도가 광야에서 시험받으실 때에, 사단은 세상의 모든 영광을 주겠다고 미혹합니다. 어떤 것이 하나님의 말씀인지 사단의 응답인지 알 수 없게 됩니다.

예수 그리스도가 보내 주시는 성령이 내 안에서 말씀하시는 하나님의 음성을 알아들어야 합니다.

하나님은 성경을 벗어나는 말씀과 대답을 하지 않으십니다. 어떤 미혹의 신앙들이 우리의 믿음과 교회를 덮고 있는지 알아야 합니다. 죄와 싸워 이기는 것은 예수 이름을 마음에 새긴 사람들이 하는 것입니다.

우리의 마음과 생각을 예수께 집중하지 못하게 하는 보이지 않는 정체는 사탄의 미혹입니다.

사람의 자아가 하나님께 집중하지 못하고 세상의 죄악 속에 달려감으로, 하나님은 너무 오랜 시간을 참고 또 참으시며 자기를 죽이사 성령을 보내 주시기로 결정하셨습니다.

사람의 죄성이 이미 사탄에게 넘어간 이후, 하나님의 선택은 자신을 산제사로 단번에 드릴 수뿐이 없었습니다.

그리고 십자가로 죄를 사하신 이후에 사람의 마음과 생각이 하나님을 흠모하게 만드시고 마음 안에 거하시며 천국에 자리를 마련하기 위하여 성전 삼으시는 것입니다.

성경의 말씀이 생명이 되어야 우리한테 마음으로 심어집니다. 말씀을 이해하고 말씀을 사모함이 없이 그냥 읽기만 하면 졸리고 지겨운 책일 뿐입니다. 하나님 아버지는 예수 그리스도를 통하여 말씀이 생명 되게 하셨습니다.

거듭난 사람이라는 것은 말씀이 생명이 된 사람을 말합니다.

사람의 마음은 사라지고 성령이 주시는 예수의 마음으로 갈아입은 사람입니다.

그 생명은 예수 그리스도가 보내시는 진리의 성령입니다.

성령 하나님은 기적과 진리를 알게 하십니다.

진리의 성령으로 성전 된 교회가 되는 신앙인
— 천국으로 가는 영생의 삶

우리가 교회에서 보고 듣고 아는 것은 하나님의 이적과 표적을 보고 환호성을 지르며 방언을 하는 것을 부러워하거나 방언하는 것을 기도의 목표로 합니다. 그러나 방언을 하고 치유를 하고 예언을 하여도 하나님이 원하시는 성령의 열매를 맺을 수가 없습니다.

하나님이 원하시는 성령의 사람은 예수 그리스도의 이름으로 보내 주시는 성령이 내 안에 거하시면서, 나의 마음과 생각을 진리이신 예수 그리스도께 고정하셔야 되는 것입니다.

그래서 외적인 기적의 나타남 없이 말씀이 생명이 되어 믿음을 갖게 되는 것이 귀한 믿음인 것입니다. "너는 나를 본 고로 믿느냐 보지 못하고 믿는 자들은 복되도다"(요20:29)라고 말씀하셨습니다.

예수 그리스도로 만족하는 사람이 거듭난 사람이며 성령의 사람이 되는 것입니다.

예수님이 문둥병자 열 명을 치유하여도 감사함으로 온 사람은 한 명이었습니다.

이적과 표적은 하나님이 살아 계신다는 증거인 것입니다.

그것을 행하는 자도 그래서 진리의 성령이 없으면 부패하고 스스로 육체로 무너지는 것입니다.

하나님은 택하신 자를 통하여 하나님을 나타내십니다.

하나님은 모두를 택하시고 모두를 순종하게 하실 수 있습니다.

그러나 하나님은 사람에게 준 자유 의지로 하나님을 사랑하기를 원하십니다.

하나님을 믿는다는 것은 내 마음을 예수님의 마음이 통치해 주심을 믿는 것입니다.

하나님의 두 번째 언약은 내 마음과 생각이 예수의 마음으로 변화되는 것입니다.

이것을 새 언약이라고 말씀하신 것입니다. 믿음은 이것을 믿는 것입니다.

믿음의 기도는 예수 그리스도의 마음으로 살아가겠다고 결단하고 끊임없이 이 믿음을 믿고 기도하는 것입니다. 사람의 모난 성품을 그대로 갖고 천국에 갈 수 없습니다.

내 마음이 예수의 마음으로 갈아입은 사람이 가는 것입니다.

이 땅에서 살면서 예수의 마음으로 성품의 변화가 없다면 천국에 가서도 그 성품은 변할 수 없습니다.

그것은 그런 마음의 사람은 말로만 "주여, 주여" 하는 믿음을 가진 사람이며 그런 사람은 천국에 들어갈 수 없다는 말씀입니다.

하나님이 그날에 택하신 많은 자들이 "주님, 주님, 우리가 주님이 이름으로 예언을 하고, 주님의 이름으로 귀신을 내쫓고, 또 주님의 이름으로 많은 기적을 행하지 않았습니까?"(마7:22) 할 것이다.

그때에 내가 그들에게 밝히 말할 것이다. "나는 너희를 도무지 알지 못한다. 불법을 행하는 자들아, 나에게서 물러가라."(마7:23)라고 말씀하신 이유가 여기에 있습니다.

하나님이 그들의 이적과 표적을 통하여 하나님이 계신 것을 알게 하고, 예수 그리스도의 사랑을 그들로 보게 하여, 세상의 소금이 되고 빛이 되어, 세상을 향한 하나님의 표식으로 사용하고자 하신 것입니다.

그러나 지금 하나님의 표식이 된 자들이 종교 지도자가 되고, 물질을 우선의 가치로 두게 하고, 세상의 영을 따라가는 율법의 선지자가 되어 버린 것을 확실히 깨닫고 회개해야 합니다.

"너희는 지도자라는 칭함을 받지 말아라"(마23:10) 하신 하나님의 말씀을 마음에 새겨야 합니다.

교회를 이끄는 목사는 표적과 이적과 깨닫는 말을 주신 하나님을 나타내는 하나님의 표식으로 사용되고 있음을 깨달아야 합니다. "지도자는 그리스도 한 분"(마23:10)이심을 알아야 합니다.

하나님은 그들을 도구로 사용하여 안 믿는 자들을 위한 표식으로 사용하는 것이기 때문입니다.

도구로 사용하는 이들에게 하나님이 진리의 영을 함께 주시지 않은 것은, 사도 바울에게 육신의 문제를 해결해 주지 않으신 것과 같습니다. 모든 이들은 이 땅에서의 삶에서 그리스도의 진리를 위해 기도해야 하기 때문입니다.

이것을 가장 잘 이용해 실족하게 만드는 자가 바로 사탄인 것입니다. 사탄도 이적을 행하고 치유를 행할 수 있습니다.

그러나 사탄은 진리가 없습니다. 사람의 영을 부패하게 할 뿐 진리에 서게 할 수가 없습니다.

그래서 그 열매로 그 사람을 알 수 있다고 말씀하신 것입니다.

하나님이 주신 성령의 능력을 자랑해서는 안 됩니다. 하나님이 주신 성령의 능력을 행하는 이들을 추종해서도 안 됩니다. 우리의 목표는 예수 그리스도의 이름으로 주시는 진리의 성령, 그리스도의 법으로 새겨진 하나님의 성전이 되어야 하기 때문입니다.

진리는 오직 예수 그리스도 한 분입니다.

예수 그리스도의 십자가는 마음에 할례를 주시어 영적 전쟁에서 미혹과 싸워 이기게 하신 것입니다.

이스라엘 민족을 통해 알게 하신 사람의 죄성이 지금도 거의 모든 곳에서 나타나고 있습니다. 공짜 천국에 이단이 넘쳐 나고, 사람들의 현혹을 위한 마귀의 역사는 장소를 가리지 않습니다.

사탄의 역사가 가장 왕성하게 힘을 쓰고자 노력하는 곳이 교회입니다. 누가 그리스도만 믿으면 마귀가 역사하지 못한다고 말하고 있습니까?

전쟁은 나와 다른 상대를 공격하여 이기는 것입니다. 사탄의 전쟁터는 교회입니다. 사탄이 노리는 곳은 교회입니다. 우는 사자와 같이 힘을 쓰는 곳은 교회입니다.

교회가 아니면 사탄은 영적인 전쟁을 진행할 상대가 없는데 무슨 영적 전쟁이 이루어질 수 있습니까?

그래서 수많은 교회와 성도가 마귀에 이끌려 떨어져 가고 있습니다. 거짓 교사가 영적인 전쟁을 무방비 상태로 만들어서 율법과 세상 것을 갖고 서로 싸우게 합니다. 돈을 갖고 싸우게 하고 권위를 갖고 싸우게 하고 사상을 갖고 싸우게 하고 규례를 갖고 싸우게 하고, 미워하는 마음을 갖고 싸우게 하는 것입니다.

그러나 예수 그리스도는 왕 중의 왕으로서 마귀도 예수 이름에 굴복하는 것입니다.

하나님은 아담이 사탄에 미혹될 때에 이 세상의 임금으로 사탄을 정하시었습니다. 그러나 이 죄와 싸워 이기는 자를 하나님은 구원하시기로 언약하셨던 것입니다.

예수 그리스도가 부활한 것을 본 사도들은 아직 진리의 성령이 내려오시지 않았기에, 아직도 이스라엘 나라의 회복을 찾고자 이야기하는 것을 보게 됩니다.

사도들이, 한자리에 모였을 때에 예수께 여쭈었다.

"주님, 주께서 이스라엘을 위하여 나라를 되찾아 주실 때가 이때이니이까."(행1:6)

예수께서 그들에게 말씀하셨다.

"때나 시기는 아버지께서 아버지의 권한으로 정하신 것이니, 너희가 알 바가 아니다.

그러나 성령이 너희에게 내리시면, 너희는 권능을 받고, 예루살렘과 온 유대와 사마리아에서,

그리고 마침내 땅끝에까지, 나의 증인이 될 것이다."(행1:7-8)

예수 그리스도는 말씀합니다.

세상의 주권자는 하나님이시다, 너희가 진리의 성령을 받으면 하나님의 나라 증인이 될 것이라고 하시는 것입니다.

우리의 영의 눈은 하나님으로 인하여 계속 열어 주셔야 이 땅에서 승리할 수 있습니다.

살아가는 데 필요한 것을 구하지 않는다고 하여서 이 땅의 삶이 불안전해지는 것이 아닙니다.

하나님께서는, 나는 아브라함의 하나님이요, 이삭의 하나님이요, 야곱의 하나님이다, 하고 말씀하시지 않으셨느냐? 하나님은 죽은 사람의

하나님이 아니라, 살아 있는 사람의 하나님이시다.(마22:32)

하나님은 지금 살아 있는 우리의 하나님이십니다. 그리하여 하나님의 성령이 우리에게 오셔서 영생의 삶을 살게 하여 주시는 것입니다. 이 땅에서 하나님의 평강으로 천국의 삶을 살게 하여 주시는 것입니다. 우리는 하나님을 쉬지 않고 사랑하며 언제나 하나님께 기도하는 자가 되어야 합니다.

그러면 주님이 내주하시는 성전이 되는 것입니다.

하나님을 믿지만 세상이 좋고 세상 것을 구하기 위해 온갖 힘을 쓰는 것은, 하나님께 합당한 신앙인이 아닌 것입니다.

그러나 다행스럽게도 하나님은 언제나 오래 참으십니다.(요엘2:13)

언제라도 예수의 피를 생각하시어 죄를 보지 않고 품어 주시는 사랑이 많으신 하나님인 것입니다.

우리 마음이 예수님 안에서 살아가기를 결정하고 기도하기를 힘쓰며 말씀이 생명이 되어야 합니다.

하나님이 주시는 평강을 맛본 사람은 세상이 주는 만족과 싸워야 합니다. 예수 이름을 부르며 쉬지 않고 기도하며 이 땅에서 주님과 함께 승리하고 영생의 천국을 사모하는 경주자의 삶을 달려가야 합니다.

경주자는 고난의 시간을 이겨 내는 자들입니다. 자기의 시간을 하나님이 원하시는 삶을 살아 내는 경주에만 기울입니다. 경주하는 신앙인은 쉬지 않고 기도하며 성경의 말씀을 사모하며 사탄의 미혹을 이기는 사람입니다. 예수 그리스도가 주시는 마음으로 그리스도의 법으로 살아가기를 전념하는 사람입니다.

하나님 아버지가 예수 그리스도의 이름으로 보내 주시는 진리의 성령과 같이하시는, 하나님의 성전이 되고, 교회가 되어, 하나님만을 사랑하는 신앙인으로 나아가야 합니다.

경건의 묵상

경건의 묵상 1.

예수의 십자가 위에서 이 세상의 것을 구하지 마세요.

이 세상의 것을 구하지 않으면 불안한 마음은 사람의 기본적인 본성입니다.

본성을 이기는 것이 성경을 통해 살아 계시는 하나님을 만나 믿음을 더하는 것입니다.

이 세상의 것을 구하는 기도는 예수로 옷을 갈아입은 다른 신을 구하는 것일 뿐입니다.

그리스도와 다른 신의 믿음의 구분은 명확합니다.

다른 신은 이 세상을 구하게 합니다. 하지만 하나님은 영생을 구하게 하십니다.

이렇게 기도를 바꾸어 기도하는 사람을 하나님은 아브라함처럼 믿음의 사람으로 인정할 것입니다.

그 믿음이 쉽지 않다는 것을 하나님도 알고 계십니다. 그래서 사람의 지혜로는 측량할 수 없는 십자가의 도를 생각하시고 실행하신 것입니다.

죄가 있는 자에게 하나님이 들어오실 수 없어서, 죄를 사해 주기 위해 직접 피의 제사를 실행하신 것입니다. 이것을 믿은 자는 성령 하나님이 내주하시어 육을 버리게 하시고 자기를 부인하게 하시며 거듭나게 되는 것입니다.

하나님이 첫 번째 언약, 두 번째 언약, 새 언약, 마음에 할례를 사용하시는 이유가 무엇인지 묵상하고 깨달아야 합니다. 사람은 그만큼 변하기 어려운 존재이고 죄에서 벗어나기 어려움을 알기 때문입니다.

그런데 다시 사람들은 하나님에 대한 감사와 죄송함과 무한한 은혜에 대한 자의식 하나도 없이,

십자가에서 죄를 사해 주었으니 '우리 육체의 소망을 기도하자', '말하자', '신이 무슨 그런 것도 응답해 주지 않는가?', '신은 있는가, 없는가' 별별 마음에서 나오는 생각으로 성령을 모독하고 있습니다.

"성령을 모독하는 자는 영원히 사하심을 면치 못하고 영원한 죄가 된다"(막3:29)라고 하신 말씀을 마음에 새겨야 합니다.

하나님은 우리 안에 성령으로 계시면서 예수 그리스도의 법을 통해 예수 이름으로 살게 하시는 것이 목적입니다. 그렇게 우리가 하나님의 사람이 되면 하나님은 우리에게 약속하신 복을 주시고 영생에 이르게 해 주시는 것입니다.

성취와 욕망을 채우는 세상 것을 기도하지 마세요.

세상 것을 구할 때 응답하는 이는 사탄일 확률이 더 높습니다.

하나님의 것을 구할 때 응답하는 이는 하나님이 분명합니다.

하나님의 의를 구하는 자의 마음을 보시고 세상 것에 대한 문제를 만져 주실 것입니다.

예수를 그리스도로 믿는 자는 이 세상에서 하나님만을 사랑하는 것입니다.

이 사랑으로 이웃을 사랑하라는 것입니다.

믿음은 이 세상을 구하는 마음과 영원한 본향인 영생을 구하는 마음과의 영적인 전쟁입니다.

사람으로는 할 수 없기에 예수 그리스도의 마음이 우리 안에 들어와 싸워 이기게 하시는 것입니다.

예수 이름을 마음에 새기고 생각에 기록하여 예수 피의 보혈로 사탄이 주는 미혹을 싸워 이기는 것입니다. 이 세상의 미혹과 싸워 이기게 하는 것입니다.

이것이 하나님의 말씀을 듣는 것입니다. 그리스도와 대화하는 것입니다.

복음은 예수 그리스도가 새 언약의 중보자로 오시어 내 안에서 두 번째 언약을 이루게 하여 주시는 것입니다. 그리스도의 마음으로 내 마음을 보는 것입니다. 내 마음이 그리스도의 마음을 보는 것입니다.

구원을 확신하게 되는 것은 이렇게 성령이 주시는 마음을 갖는 것입니다.

하나님이 내 안에 내가 하나님 안에 있는 것입니다.

예수 그리스도가 주시는 성령이 내 안에 내주하시어, 내 마음이 그리스도의 마음을 갖게 되는 것입니다. 주님이 주시는 평강과 구원의 확신이 들어올 것입니다.

그리하면 하나님이 이 세상의 것을 내가 구하지 아니하여도 이루어 주실 것입니다.

이를 믿는 자는 경건의 훈련을 지속하며 하나님의 말씀을 묵상하고 즐거워하며 쉬지 않고 기도하는 자인 것입니다.

경건의 묵상 2.

우리가 교회를 나가는 목적의 대부분은 이 세상의 문제 해결과 성취와 번영입니다.

교회에서 설교하는 대부분도 그러한 성도들의 기도 응답입니다. 이러면 세상 종교와 차이가 없습니다.

예수님이 십자가에서 죽으시면서까지 죄를 사해 주실 필요가 없습니다.

전지전능하신 하나님 아버지가 그런 세속적인 기도에 응답해 주시면 되는 것입니다.

그러나 하나님은 분명하게 말씀하셨습니다.

"먼저 그의 나라와 그의 의를 구하라. 그리하면 이 모든 것을 너희에게 더하시리라"(마6:33)

예수 그리스도는 새 언약의 중보자로 오시어 두 번째 언약을 이루시기 위하여 십자가에서 고난받으시고 마음의 할례를 행해 주시기 위해 죽으시고 부활하시어 성령을 보내 주었습니다.

하나님 아버지가 예수 이름으로 보내 주시는 진리의 성령은, 우리의 마음과 생각에 그리스도의 법을 두시며, 사탄이 주는 죄의 미혹과 싸워 이기게 하시며 거듭남에 이르게 하여 주십니다.

사람의 부패한 마음이 예수님이 주시는 마음으로 옷을 갈아입어야 하는 것입니다.

거듭남에 이르는 우리의 영은 주님과 교통하며 예수 이름으로 살아가는 것을 즐거워하는 것입니다.

영생의 구원을 주신 예수 그리스도를 소망하며 이 땅의 삶을 예수 이름으로 살아가게 됩니다.

예수가 나의 왕이시고 우리는 백성이 되는 것입니다.

하나님이 원하시는 새 언약의 일꾼으로서 진리의 성령으로 인하여 그리스도의 마음을 알게 되어 주님의 말씀을 들으며 살게 되는 것입니다.

새 언약의 중보자로 오시어 내 안에 마음의 할례로 그리스도의 법을 기록하게 하여 두 번째 언약을 이루시는 예수님이 복음인 것입니다.

그리스도의 법을 향한 경건의 훈련과 하나님을 향한 쉬지 않는 기도의 교제를 해야 합니다.

이 세상에서 복음을 향해 달려가는 경주자로서 영생의 소망을 마음에 두고 하나님을 사랑하고, 항상 기뻐하며, 범사에 감사하며, 기도하는 삶을 살아가야 합니다.

언제나 하나님이 성경을 통해 그리스도의 법을 네 마음에 두었다고 말씀하시는 음성이 마음에서 들려와야 합니다. 영생의 삶을 위해 이 세상을 그리스도와 함께 이기는 사람들입니다.

이런 사람들이 구원받은 사람들이 될 것입니다.

밥상 앞에 있다고 밥을 먹는 것이 아닙니다. 본인이 수저를 들고 맛있게 먹어야 합니다.

하나님의 말씀을 안다고 성령 하나님이 임마누엘 하는 것이 아닙니다.

아브라함에게 하신 믿음의 말씀을 붙잡고 예수님을 사랑하는 기도를 멈추지 말아야 합니다.

하나님이 말씀하시는 하나님의 뜻을 붙잡고 성경을 읽어야 말씀이 생명이 되는 것입니다.

“그 날에는 내가 아버지 안에, 너희가 내 안에, 내가 너희 안에 있는 것을 너희가 알리라”(요14:20)

“보혜사 곧 아버지께서 내 이름으로 보내실 성령 그가 너희에게 모

든 것을 가르치고 내가 너희에게 말한 모든 것을 생각나게 하리라"(요 14:25)

예수님 안에 있는 사람이면 하나님의 말씀은 이렇게 세상과 싸워 이기는 말씀을 듣는 것입니다.

세상에 속해 있는 내 것을 구하는데 하나님이 말씀하시는 것이 아닙니다.

이것이 그리스도의 법으로 마음의 할례를 통해 하나님만을 사랑하라는 새 언약의 말씀으로 내 마음이 변화되어 거듭나게 되는 것입니다.

내 마음이 주님이 주시는 성령과 동행하며 천국을 소유하는 마음이 되는 것입니다.

이 삶에서 천국을 소유한 자는 주님이 주시는 구원에 이르게 되어 영생하는 삶을 살게 되는 것입니다.

항상 주님을 향한 경건에 이르는 훈련으로 육체를 연단하여 쉬지 말고 기도해야 합니다.

하나님의 성전이 되어 교회 된 자로서 매일 예배하는 경건한 삶으로 금생과 내생에 유익한 삶이 되기를 기도해야 합니다. 이렇게 주님을 향한 사랑으로 주님이 주시는 평강으로 매일이 천국이 되는 삶으로 살아가야 합니다.

주 예수의 은혜가 모든 사람에게 있기를 빕니다. 아멘.(계22:21)

*

살아 계시고 역사하시는 예수 그리스도를 만나
가장 극적인 변화가 된 사도 바울의 회심과 고백,
세상이 주는 즐거움을 버리고 천국으로 경주하는 삶을 산
성경의 산증인,
우리의 믿음이 흔들리거나 하나님의 증거를 알고 싶을 때,
사도 바울의 간증설교와 간증서한을 통해
예수 그리스도가 주시는 성령으로 사도 바울을 닮은
신앙인의 길을 걸어가도록 성경에서 발췌하였습니다.

성경 바로보기
부록

사도바울의 간증, 회심과 고난의 고백

스데반의 순교와 사울, 사도행전 6장

스데반이 은혜와 권능이 충만해 사람들 앞에서 기이한 일들과 이적을 행했다.(행6:8)

성령이 충만해 지혜롭게 말하는 스데반을 당해내지 못했다.(행6:10)

그러자 그들이 사람들을 매수해, 스데반이 모세와 하나님을 모독하는 거짓 증언을 하게 했다.(행6:11)

이 말을 듣고 격분한 군중들이, 장로들과 율법학자들과 함께 스데반을 붙잡아 공의회로 끌어갔다.(행6:12)

거짓 증인들이 계속 스데반이 성전과 율법에 위배되는 말을 했다고 떠들어 대며 소리쳤다.(행6:13)

우리는 이 사람이 "나사렛 예수가 이 성전을 헐고 또 모세가 전해준 규례를 고칠 것이다."라고 말하는 것을 들었습니다.(행6:14)

그러자 공의회에 앉아있던 사람들이 일제이 스데반을 쳐다보았는데, 그의 얼굴이 마치 천사의 얼굴 같았다.(행6:15)

스데반이 가로되 여러분 부형들이여 들으소서.(행7:2)

지극히 높으신 이는 손으로 지은 곳에 계시지 아니하시나니 선지자의 말한바(행7:48)

주께서 가라사대 하늘은 나의 보좌요 땅은 나의 발등상이니 너희가 나를 위하여 무슨 집을 짓겠으며 나의 안식할 처소가 어디뇨(행7:49)

이 모든 것이 다 내 손으로 지은 것이 아니냐 함과 같으니라.(행7:50)

목이 곧고 마음과 귀에 할례를 받지 못한 사람들아

너희가 항상 성령을 거스려 너희 조상과 같이 너희도 하는도다.(행7:51)

너희 조상들은 선지자 중에 누구를 핍박지 아니하였느냐 의인이 오시리라 예고한 자들을 저희가 죽였고 이제 너희는 그 의인을 잡아준 자요 살인한 자가 되나니(행7:52)

너희가 천사의 전한 율법을 받고도 지키지 아니하였도다 하니라.(행7:53)

저희가 이말을 듣고 마음에 찔려 저를 향하여 이를 갈거늘.(행7:54)

스데반이 성령이 충만하여 하늘을 우러러 주목하여 하나님의 영광과 및 예수께서 하나님 우편에 서신 것을 보고(행7:55)

말하되 보라 하늘이 열리고 인자가 하나님 우편에 서신 것을 보노라 한 대.(행7:56)

저희가 큰 소리를 지르며 귀를 막고 일심으로 그에게 달려들어

성 밖에 내치고 돌로 칠새 증인들이 옷을 벗어 사울이라 하는 청년의 발앞에 두니라.(행7:57-58)

저희가 돌로 스데반을 치니 스데반이 부르짖어 가로되 주 예수여 내 영혼을 받으시옵소서 하고(행7:59)

무릎을 꿇고 크게 불러 가로되 주여 이 죄를 저들에게 돌리지 마옵소서 이 말을 하고 자니라.(행7:60)

사울이 그의 죽임 당함을 마땅히 여기더라 그 날에 예루살렘에 있는 교회에 큰 핍박이 나서 사도 외에는 다 유대와 사마리아 모든 땅으로 흩

어지니라.(행8:1)

경건한 사람들이 스데반을 장사하고 위하여 크게 울더라.(행8:2)

사울이 교회를 잔멸할새 각집에 들어가 남녀를 끌어다가 옥에 넘기니라.(행8:3)

사도 바울의 회심, 사도행전 9장

사울이 주의 제자들에 대하여 여전히 위협과 살기가 등등하여 대제사장에게 가서(행9:1)

다메섹 여러 회당에 갈 공문을 청하니 이는 만일 그 도를 좇는 사람을 만나면 남녀를 막론하고 결박하여 예루살렘으로 잡아 오려 함이라.(행9:2)

사울이 길을 가다가 다메섹에 가까이 가더니 홀연히 하늘로서 빛이 지를 둘러 비추는지라.(행9:3)

땅에 엎드러져 들으매 소리 있어 가라사대 사울아 사울아 네가 어찌하여 나를 핍박하느냐 하시거늘

대답하되 주여 뉘시오니이까 가라사대 나는 네가 핍박하는 예수라.(행9:4-5)

네가 일어나 성으로 들어가라 행할 것을 네게 이를 자가 있느니라 하시니(행9:6)

같이 가던 사람들은 소리만 듣고 아무도 보지 못하여 말을 못하고 섰더라.(행9:7)

사울이 땅에서 일어나 눈은 떴으나 아무 것도 보지 못하고 사람의 손

에 끌려 다메섹으로 들어가서

사흘 동안을 보지 못하고 식음을 전폐하니라.(행9:8-9)

그 때에 다메섹에 아나니아라 하는 제자가 있더니 주께서 환상 중에 불러 가라사대 아나니아야 하시거늘 대답하되 주여 내가 여기 있나이다 하니.(행9:10)

주께서 가라사대 일어나 직가라 하는 거리로 가서 유다 집에서 다소 사람 사울이라 하는 자를 찾으라 저가 기도하는 중이다.(행9:11)

저가 아나니아라 하는 사람이 들어와서 자기에게 안수하여 다시 보게 하는 것을 보았느니라 하시거늘.(행9:12)

아나니아가 대답하되 주여 이 사람에 대하여 내가 여러 사람에게 듣사온즉 그가 예루살렘에서 주의 성도에게 적지 않은 해를 끼쳤다 하더니

여기서도 주의 이름을 부르는 모든 자를 결박할 권세를 대제사장들에게 받았나이다 하거늘

주께서 가라사대 가라 이 사람은 내 이름을 이방인과 임금들과 이스라엘 자손들 앞에 전하기 위하여 택한 나의 그릇이라.

그가 내 이름을 위하여 해를 얼마나 받아야 할 것을 내가 그에게 보이리라 하시니.(행9:15-16)

아나니아가 떠나 그 집에 들어가서 그에게 안수하여 가로되 형제 사울아 주 곧 네가 오는 길에서 나타나시던 예수께서 나를 보내어 너로 다시 보게 하시고 성령으로 충만하게 하신다 하니

즉시 사울의 눈에서 비늘 같은 것이 벗어져 다시 보게 된지라. 일어나 세례를 받고(행9:17-18)

음식을 먹으매 강건하여지니라. 사울이 다메섹에 있는 제자들과 함께 며칠 있을새

즉시로 각 회당에서 예수의 하나님의 아들이심을 전파하니(행9:19-20)

듣는 사람이 다 놀라 말하되 이사람이 예루살렘에서 이 이름 부르는 사람을 잔해 하던 자가 아니냐 여기 온 것도 저희를 결박하여 대제사장들에게 끌어 가고자 함이 아니냐 하더라.(행9:21)

사울은 힘을 더 얻어 예수를 그리스도라 증명하여 다메섹에 사는 유대인들을 굴복시키니라.(행9:22)

회심의 계기를 예루살렘에서 군중들에게 연설하는 바울, 사도행전 22장

1. 부형들아 내가 지금 여러분 앞에서 변명하는 말을 들으라
2. 그들이 그가 히브리 말로 말함을 듣고 더욱 조용한지라 이어 이르되
3. 나는 유대인으로 길리기아 다소에서 났고 이 성에서 자라 가말리엘의 문하에서 우리 조상들의 율법의 엄한 교훈을 받았고 오늘 너희 모든 사람처럼 하나님께 대하여 열심이 있는 자라
4. 내가 이 도를 박해하여 사람을 죽이기까지 하고 남녀를 결박하여 옥에 넘겼노니
5. 이에 대제사장과 모든 장로들이 내 증인이라 또 내가 그들에게서 다메섹 형제들에게 가는 공문을 받아 가지고 거기 있는 자들도 결박하여 예루살렘으로 끌어다가 형벌 받게 하려고 가더니
6. 가는 중 다메섹에 가까이 갔을 때에 오정쯤 되어 홀연히 하늘로부터 큰 빛이 나를 둘러 비치매
7. 내가 땅에 엎드러져 들으니 소리 있어 이르되 사울아 사울아 네가 왜 나를 박해하느냐 하시거늘
8. 내가 대답하되 주님 누구시니이까 하니 이르시되 나는 네가 박해하

는 나사렛 예수라 하시더라
9. 나와 함께 있는 사람들이 빛은 보면서도 나에게 말씀하시는 이의 소리는 듣지 못하더라
10. 내가 이르되 주님 무엇을 하리이까 주께서 이르시되 일어나 다메섹으로 들어가라 네가 해야 할 모든 것을 거기서 누가 이르리라 하시거늘
11. 나는 그 빛의 광채로 말미암아 볼 수 없게 되었으므로 나와 함께 있는 사람들의 손에 끌려 다메섹에 들어갔노라
12. 율법에 따라 경건한 사람으로 거기 사는 모든 유대인들에게 칭찬을 듣는 아나니아라 하는 이가
13. 내게 와 곁에 서서 말하되 형제 사울아 다시 보라 하거늘 즉시 그를 쳐다보았노라
14. 그가 또 이르되 우리 조상들의 하나님이 너를 택하여 너로 하여금 자기 뜻을 알게 하시며 그 의인을 보게 하시고 그 입에서 나오는 음성을 듣게 하셨으니
15. 네가 그를 위하여 모든 사람 앞에서 네가 보고 들은 것에 증인이 되리라
16. 이제는 왜 주저하느냐 일어나 주의 이름을 불러 세례를 받고 너의 죄를 씻으라 하더라
17. 후에 내가 예루살렘으로 돌아와서 성전에서 기도할 때에 황홀한 중에
18. 보매 주께서 내게 말씀하시되 속히 예루살렘에서 나가라 그들은 네가 내게 대하여 증언하는 말을 듣지 아니하리라 하시거늘
19. 내가 말하기를 주님 내가 주를 믿는 사람들을 가두고 또 각 회당

에서 때리고

20. 또 주의 증인 스데반이 피를 흘릴 때에 내가 곁에 서서 찬성하고 그 죽이는 사람들의 옷을 지킨 줄 그들도 아나이다

21. 나더러 또 이르시되 떠나가라 내가 너를 멀리 이방인에게로 보내리라 하셨느니라

22. 이 말하는 것까지 그들이 듣다가 소리 질러 이르되 이러한 자는 세상에서 없애 버리자 살려 둘 자가 아니라 하여

23. 떠들며 옷을 벗어 던지고 티끌을 공중에 날리니

24. 천부장이 바울을 영내로 데려가라 명하고 그들이 무슨 일로 그에 대하여 떠드는지 알고자 하여 채찍질하며 심문하라 한대

25. 가죽 줄로 바울을 매니 바울이 곁에 서 있는 백부장더러 이르되 너희가 로마 시민 된 자를 죄도 정하지 아니하고 채찍질할 수 있느냐 하니

회심의 계기를 아그립바 왕 앞에서 해명하는 바울, 사도행전 26장

1. 아그립바가 바울더러 이르되 너를 위하여 말하기를 네게 허락하노라 하니 이에 바울이 손을 들어 변명하되

2. 아그립바왕이여 유대인이 모든 송사하는 일을 오늘 당신 앞에서 변명하게 된 것을 다행히 여기옵나이다

3. 특히 당신이 유대인의 모든 풍속과 및 문제를 아심이니이다 그러므로 내 말을 너그러이 들으시기를 바라옵나이다

4. 내가 처음부터 내 민족 중에와 예루살렘에서 젊었을 때 생활한 상태를 유대인이 다 아는바라

5. 일찍부터 나를 알았으니 저희가 증거하려 하면 내가 우리 종교의 가장 엄한 파를 좇아 바리새인의 생활을 하였다고 할 것이라
6. 이제도 여기 서서 심문 받는 것은 하나님이 우리 조상에게 약속하신 것을 바라는 까닭이니
7. 이 약속은 우리 열 두 지파가 밤낮으로 간절히 하나님을 받들어 섬김으로 얻기를 바라는 바인데 아그립바왕이여 이 소망을 인하여 내가 유대인들에게 송사를 받는 것이니이다
8. 당신들은 하나님이 죽은 사람 다시 살리심을 어찌하여 못 믿을 것으로 여기나이까
9. 나도 나사렛 예수의 이름을 대적하여 범사를 행하여야 될줄 스스로 생각하고
10. 예루살렘에서 이런 일을 행하여 대제사장들에게서 권세를 얻어 가지고 많은 성도를 옥에 가두며 또 죽일 때에 내가 가편 투표를 하였고
11. 또 모든 회당에서 여러번 형벌하여 강제로 모독하는 말을 하게하고 저희를 대하여 심히 격분하여 외국 성까지도 가서 핍박하였고
12. 그 일로 대제사장들의 권세와 위임을 받고 다메섹으로 갔나이다
13. 왕이여 때가 정오나 되어 길에서 보니 하늘로서 해보다 더 밝은 빛이 나와 내 동행들을 둘러 비추는지라
14. 우리가 다 땅에 엎드러지매 내가 소리를 들으니 히브리 방언으로 이르되 사울아 사울아 네가 어찌하여 나를 핍박하느냐 가시채를 뒷발질하기가 네게 고생이니라
15. 내가 대답하되 주여 뉘시니이까 주께서 가라사대 나는 네가 핍박하는 예수라

16. 일어나 네 발로 서라 내가 네게 나타난 것은 곧 네가 나를 본 일과
장차 내가 네게 나타날 일에 너로 사환과 증인을 삼으려 함이니
17. 이스라엘과 이방인들에게서 내가 너를 구원하여 저희에게 보내어
18. 그 눈을 뜨게 하여 어두움에서 빛으로 사탄의 권세에서 하나님께
로 돌아가게 하고 죄 사함과 나를 믿어 거룩케 된 무리 가운데서
기업을 얻게 하리라 하더이다
19. 아그립바 왕이여 그러므로 하늘에서 보이신 것을 내가 거스리지
아니하고
20. 먼저 다메섹에와 또 예루살렘에 있는 사람과 유대 온 땅과 이방인
에게까지 회개하고 하나님께로 돌아가서 회개에 합당한 일을 행
하라 선전하므로
21. 유대인들이 성전에서 나를 잡아 죽이고자 하였으나
22. 하나님의 도우심을 받아 내가 오늘까지 서서 높고 낮은 사람 앞에
서 증거하는 것은 선지자들과 모세가 반드시 되리라고 말한 것 밖
에 없으니
23. 곧 그리스도가 고난을 받으실 것과 죽은 자 가운데서 먼저 다시
살아나사 이스라엘과 이방인들에게 빛을 선전하시리라 함이니이
다 하니라
24. 바울이 이같이 변명하매 베스도가 크게 소리하여 가로되 바울아
네가 미쳤도다 네 많은 학문이 너를 미치게 한다 하니
25. 바울이 가로되 베스도 각하여 내가 미친 것이 아니요 참되고 정신
차린 말을 하나이다
26. 왕께서는 이 일을 아시기로 내가 왕께 담대히 말하노니 이 일에
하나라도 아시지 못함이 없는줄 믿나이다 이 일은 한편 구석에서

행한 것이 아니로소이다

27. 아그립바왕이여 선지자를 믿으시나이까 믿으시는 줄 아나이다

28. 아그립바가 바울더러 이르되 네가 적은 말로 나를 권하여 그리스도인이 되게 하려 하는도다

29. 바울이 가로되 말이 적으나 많으나 당신 뿐 아니라 오늘 내 말을 듣는 모든 사람도 다 이렇게 결박한 것 외에는 나와 같이 되기를 하나님께 원하노이다 하니라

에베소 교회에서의 고별 설교, 사도행전 20장

17. 바울이 밀레도에서 사람을 에베소로 보내어 교회 장로들을 청하니

18. 오매 저희에게 말하되 아시아에 들어온 첫날부터 지금까지 내가 항상 너희 가운데서 어떻게 행한 것을 너희도 아는바니

19. 곧 모든 겸손과 눈물이며 유대인의 간계를 인하여 당한 시험을 참고 주를 섬긴 것과

20. 유익한 것은 무엇이든지 공중 앞에서나 각 집에서나 꺼림이 없이 너희에게 전하여 가르치고

21. 유대인과 헬라인들에게 하나님께 대한 회개와 우리 주 예수 그리스도께 대한 믿음을 증거한 것이라

22. 보라 이제 나는 심령에 매임을 받아 예루살렘으로 가는데 저기서 무슨 일을 만날는지 알지 못하노라

23. 오직 성령이 각 성에서 내게 증거하여 결박과 환난이 나를 기다린다 하시나

24. 나의 달려갈 길과 주 예수께 받은 사명 곧 하나님의 은혜의 복음

증거하는 일을 마치려 함에는 나의 생명을 조금도 귀한 것으로 여기지 아니하노라
25. 보라 내가 너희 중에 왕래하며 하나님 나라를 전파하였으나 지금은 너희가 다 내 얼굴을 다시 보지 못할 줄 아노라
26. 그러므로 오늘 너희에게 증거하노니 모든 사람의 피에 대하여 내가 깨끗하니
27. 이는 내가 꺼리지 않고 하나님의 뜻을 다 너희에게 전하였음이라
28. 너희는 자기를 위하여 또는 온 양떼를 위하여 삼가라 성령이 저들 가운데 너희로 감독자를 삼고 하나님이 자기 피로 사신 교회를 치게 하셨느니라
29. 내가 떠난 후에 흉악한 이리가 너희에게 들어와서 그 양떼를 아끼지 아니하며
30. 또한 너희 중에서도 제자들을 끌어 자기를 좇게 하려고 어그러진 말을 하는 사람들이 일어날 줄을 내가 아노니
31. 그러므로 너희가 일깨어 내가 삼년이나 밤낮 쉬지 않고 눈물로 각 사람을 훈계하던 것을 기억하라
32. 지금 내가 너희를 주와 및 그 은혜의 말씀께 부탁하노니 그 말씀이 너희를 능히 든든히 세우사 거룩케 하심을 입은 모든 자 가운데 기업이 있게 하시리라
33. 내가 아무의 은이나 금이나 의복을 탐하지 아니하였고
34. 너희 아는 바에 이 손으로 나와 내 동행들의 쓰는 것을 당하여
35. 범사에 너희에게 모본을 보였노니 곧 이같이 수고하여 약한 사람들을 돕고 또 주 예수의 친히 말씀하신바 주는 것이 받는 것보다 복이 있다 하심을 기억하여야 할지니라

36. 이 말을 한 후 무릎을 꿇고 저희 모든 사람과 함께 기도하니
37. 다 크게 울며 바울의 목을 안고 입을 맞추고
38. 다시 그 얼굴을 보지 못하리라 한 말을 인하여 더욱 근심하고
배에까지 그를 전송하니라

사도 바울의 고백

바울이 사도가 된 내력, 갈라디아서 1장

1. 사람들에게서 난 것도 아니요 사람으로 말미암은 것도 아니요 오직 예수 그리스도와 및 죽은 자 가운데서 그리스도를 살리신 하나님 아버지로 말미암아 사도된 바울은
2. 함께 있는 모든 형제로 더불어 갈라디아 여러 교회들에게
3. 우리 하나님 아버지와 주 예수 그리스도로 좇아 은혜와 평강이 있기를 원하노라
4. 그리스도께서 하나님 곧 우리 아버지의 뜻을 따라 이 악한 세대에서 우리를 건지시려고 우리 죄를 위하여 자기 몸을 드리셨으니
5. 영광이 저에게 세세토록 있을지어다 아멘
6. 그리스도의 은혜로 너희를 부르신 이를 이같이 속히 떠나 다른 복음 좇는 것을 내가 이상히 여기노라
7. 다른 복음은 없나니 다만 어떤 사람들이 너희를 요란케 하여 그리스도의 복음을 변하려 함이라
8. 그러나 우리나 혹 하늘로부터 온 천사라도 우리가 너희에게 전한 복음 외에 다른 복음을 전하면 저주를 받을지어다

9. 우리가 전에 말하였거니와 내가 지금 다시 말하노니 만일 누구든지 너희의 받은 것 외에 다른 복음을 전하면 저주를 받을지어다
10. 이제 내가 사람들에게 좋게 하랴 하나님께 좋게 하랴 사람들에게 기쁨을 구하랴 내가 지금까지 사람의 기쁨을 구하는 것이었다면 그리스도의 종이 아니니라
11. 형제들아 내가 너희에게 알게 하노니 내가 전한 복음이 사람의 뜻을 따라 된 것이 아니라
13. 내가 이전에 유대교에 있을 때에 행한 일을 너희가 들었거니와 하나님의 교회를 심히 핍박하여 잔해하고
14. 내가 내 동족 중 여러 연갑자보다 유대교를 지나치게 믿어 내 조상의 유전에 대하여 더욱 열심이 있었으나
15. 그러나 내 어머니의 태로부터 나를 택정하시고 은혜로 나를 부르신 이가
16. 그 아들을 이방에 전하기 위하여 그를 내 속에 나타내시기를 기뻐하실 때에 내가 곧 혈육과 의논하지 아니하고
17. 또 나보다 먼저 사도 된 자들을 만나려고 예루살렘으로 가지 아니하고 오직 아라비아로 갔다가 다시 다메섹으로 돌아갔노라
18. 그 후 삼년만에 내가 게바를 심방하려고 예루살렘에 올라가서 저와 함께 십 오일을 유할새
19. 주의 형제 야고보 외에 다른 사도들을 보지 못하였노라
20. 보라 내가 너희에게 쓰는 것은 하나님 앞에서 거짓말이 아니로라
21. 그 후에 내가 수리아와 길리기아 지방에 이르렀으나
22. 유대에 그리스도 안에 있는 교회들이 나를 얼굴로 알지 못하고
23. 다만 우리를 핍박하던 자가 전에 잔해하던 그 믿음을 지금 전한다

함을 듣고
24. 나로 말미암아 영광을 하나님께 돌리니라

죽은 사람의 부활, 고린도전서 15장

1. 형제들아 내가 너희에게 전한 복음을 너희로 알게 하노니 이는 너희가 받은 것이요 또 그 가운데 선 것이라
2. 너희가 만일 나의 전한 그 말을 굳게 지키고 헛되이 믿지 아니하였으면 이로 말미암아 구원을 얻으리라
3. 내가 받은 것을 먼저 너희에게 전하였노니 이는 성경대로 그리스도께서 우리 죄를 위하여 죽으시고
4. 장사 지낸바 되었다가 성경대로 사흘만에 다시 살아나사
5. 게바에게 보이시고 후에 열 두 제자에게와
6. 그 후에 오백여 형제에게 일시에 보이셨나니 그 중에 지금까지 태반이나 살아 있고 어떤이는 잠들었으며
7. 그 후에 야고보에게 보이셨으며 그 후에 모든 사도에게와
8. 맨 나중에 만삭되지 못하여 난 자 같은 내게도 보이셨느니라
9. 나는 사도 중에 지극히 작은 자라 내가 하나님의 교회를 핍박하였으므로 사도라 칭함을 받기에 감당치 못할 자로라
10. 그러나 나의 나 된 것은 하나님의 은혜로 된 것이니 내게 주신 그의 은혜가 헛되지 아니하여 내가 모든 사도보다 더 많이 수고하였으나 내가 아니요 오직 나와 함께하신 하나님의 은혜로라
11. 그러므로 내나 저희나 이같이 전파하매 너희도 이같이 믿었느니라
12. 그리스도께서 죽은 자 가운데서 다시 살아나셨다 전파되었거늘

너희 중에서 어떤이들은 어찌하여 죽은 자 가운데서 부활이 없다 하느냐

13. 만일 죽은 자의 부활이 없으면 그리스도도 다시 살지 못하셨으리라

14. 그리스도께서 만일 다시 살지 못하셨으면 우리의 전파하는 것도 헛것이요 또 너희 믿음도 헛것이며

15. 또 우리가 하나님의 거짓 증인으로 발견되리니 우리가 하나님이 그리스도를 다시 살리셨다고 증거하였음이라 만일 죽은 자가 다시 사는 것이 없으면 하나님이 그리스도를 다시 살리시지 아니하셨으리라

16. 만일 죽은 자가 다시 사는 것이 없으면 그리스도도 다시 사신 것이 없었을 터이요

17. 그리스도께서 다시 사신 것이 없으면 너희의 믿음도 헛되고 너희가 여전히 죄 가운데 있을 것이요

18. 또한 그리스도 안에서 잠자는 자도 망하였으리니

19. 만일 그리스도 안에서 우리의 바라는 것이 다만 이생 뿐이면 모든 사람 가운데 우리가 더욱 불쌍한 자리라

20. 그러나 이제 그리스도께서 죽은 자 가운데서 다시 살아 잠 자는 자들의 첫 열매가 되셨도다

21. 사망이 사람으로 말미암았으니 죽은 자의 부활도 사람으로 말미암는도다

22. 아담 안에서 모든 사람이 죽은 것 같이 그리스도 안에서 모든 사람이 삶을 얻으리라

23. 그러나 각각 자기 차례대로 되리니 먼저는 첫 열매인 그리스도요 다음에는 그리스도 강림하실 때에 그에게 붙은 자요

24. 그 후에는 나중이니 저가 모든 정사와 모든 권세와 능력을 멸하시고 나라를 아버지 하나님께 바칠 때라

25. 저가 모든 원수를 그 발아래 둘 때까지 불가불 왕노릇 하시리니

26. 맨 나중에 멸망 받을 원수는 사망이니라

27. 만물을 저의 발아래 두셨다 하셨으니 만물을 아래 둔다 말씀하실 때에 만물을 저의 아래 두신 이가 그 중에 들지 아니한 것이 분명하도다

28. 만물을 저에게 복종하게 하신 때에는 아들 자신도 그 때에 만물을 자기에게 복종케 하신 이에게 복종케 되리니 이는 하나님이 만유의 주로서 만유 안에 계시려 하심이라

29. 만일 죽은 자들이 도무지 다시 살지 못하면 죽은 자들을 위하여 세례 받는 자들이 무엇을 하겠느냐 어찌하여 저희를 위하여 세례를 받느뇨

30. 또 어찌하여 우리가 때마다 위험을 무릅쓰리요

31. 형제들아 내가 그리스도 예수 우리 주 안에서 가진바 너희에게 대한 나의 자랑을 두고 단언하노니 나는 날마다 죽노라

32. 내가 범인처럼 에베소에서 맹수로 더불어 싸웠으면 내게 무슨 유익이 있느뇨 죽은 자가 다시 살지 못할 것이면 내일 죽을터이니 먹고 마시자 하리라

33. 속지 말라 악한 동무들은 선한 행실을 더럽히나니

34. 깨어 의를 행하고 죄를 짓지 말라 하나님을 알지 못하는 자가 있기로 내가 너희를 부끄럽게 하기 위하여 말하노라

그리스도를 믿는 믿음의 의, 빌립보서 3장

3. 하나님의 성령으로 봉사하며 그리스도 예수로 자랑하고 육체를 신뢰하지 아니하는 우리가 곧 할례당이라
4. 그러나 나도 육체를 신뢰할만하니 만일 누구든지 다른이가 육체를 신뢰할 것이 있는 줄로 생각하면 나는 더욱 그러하리니
5. 내가 팔일만에 할례를 받고 이스라엘의 족속이요 베냐민의 지파요 히브리인 중의 히브리인이요 율법으로는 바리새인이요
6. 열심으로는 교회를 핍박하고 율법의 의로는 흠이 없는 자로라
7. 그러나 무엇이든지 내게 유익하던 것을 내가 그리스도를 위하여 다 해로 여길뿐더러
8. 또한 모든 것을 해로 여김은 내 주 그리스도 예수를 아는 지식이 가장 고상함을 인함이라 내가 그를 위하여 모든 것을 잃어버리고 배설물로 여김은 그리스도를 얻고
9. 그 안에서 발견되려 함이니 내가 가진 의는 율법에서 난 것이 아니요 오직 그리스도를 믿음으로 말미암은 것이니 곧 믿음으로 하나님께로서 난 의라
10. 내가 그리스도와 그 부활의 권능과 그 고난에 참예함을 알려하여 그의 죽으심을 본받아
11. 어찌하든지 죽은 자 가운데서 부활에 이르려 하노니
12. 내가 이미 얻었다 함도 아니요 온전히 이루었다 함도 아니라 오직 내가 그리스도 예수께 잡힌 바 된 그것을 잡으려고 좇아가노라
13. 형제들아 나는 아직 내가 잡은 줄로 여기지 아니하고 오직 한 일 즉 뒤에 있는 것은 잊어버리고 앞에 있는 것을 잡으려고

14. 푯대를 향하여 그리스도 예수 안에서 하나님이 위에서 부르신 부름의 상을 위하여 좇아가노라

믿음과 선한 양심, 디모데전서 1장

13. 내가 전에는 훼방자요 핍박자요 포행자이었으나 도리어 긍휼을 입은 것은 내가 믿지 아니할 때에 알지 못하고 행하였음이라
14. 우리 주의 은혜가 그리스도 예수 안에 있는 믿음과 사랑과 함께 넘치도록 풍성하였도다
15. 미쁘다 모든 사람이 받을 만한 이 말이여 그리스도 예수께서 죄인을 구원하시려고 세상에 임하셨다 하였도다 죄인 중에 내가 괴수니라
16. 그러나 내가 긍휼을 입은 까닭은 예수 그리스도께서 내게 먼저 일체 오래 참으심을 보이사 후에 주를 믿어 영생 얻는 자들에게 본이 되게 하려 하심이니라
17. 만세의 왕 곧 썩지 아니하고 보이지 아니하고 홀로 하나이신 하나님께 존귀와 영광이 세세토록 있을지이다 아멘
18. 아들 디모데야 내가 네게 이 경계로써 명하노니 전에 너를 지도한 예언을 따라 그것으로 선한 싸움을 싸우며
19. 믿음과 착한 양심을 가지라 어떤 이들이 이 양심을 버렸고 그 믿음에 관하여는 파선하였느니라
20. 그 가운데 후메내오와 알렉산더가 있으니 내가 사탄에게 내어준 것은 저희로 징계를 받아 훼방하지 말게 하려 함이니라

그리스도의 사랑의 넓이와 길이와 높이와 깊이, 에베소서 3장

4. 이것을 읽으면 그리스도의 비밀을 내가 깨달은 것을 너희가 알 수 있으리라
5. 이제 그의 거룩한 사도들과 선지자들에게 성령으로 나타내신것 같이 다른 세대에서는 사람의 아들들에게 알게 하지 아니하셨으니
6. 이는 이방인들이 복음으로 말미암아 그리스도 예수 안에서 함께 후사가 되고 함께 지체가 되고 함께 약속에 참예하는 자가 됨이라
7. 이 복음을 위하여 그의 능력이 역사하시는대로 내게 주신 하나님의 은혜의 선물을 따라 내가 일군이 되었노라
8. 모든 성도 중에 지극히 작은 자보다 더 작은 나에게 이 은혜를 주신 것은 측량할 수 없는 그리스도의 풍성을 이방인에게 전하게하시고
9. 영원부터 만물을 창조하신 하나님 속에 감취었던 비밀의 경륜이 어떠한 것을 드러내게 하려 하심이라
10. 이는 이제 교회로 말미암아 하늘에서 정사와 권세들에게 하나님의 각종 지혜를 알게 하려 하심이니
11. 곧 영원부터 우리 주 그리스도 예수 안에서 예정하신 뜻대로 하신 것이라
13. 그러므로 너희에게 구하노니 너희를 위한 나의 여러 환난에 대하여 낙심치 말라 이는 너희의 영광이니라
14. 이러하므로 내가 하늘과 땅에 있는 각 족속에게
15. 이름을 주신 아버지 앞에 무릎을 꿇고 비노니
16. 그 영광의 풍성을 따라 그의 성령으로 말미암아 너희 속 사람을 능력으로 강건하게 하옵시며

17. 믿음으로 말미암아 그리스도께서 너희 마음에 계시게 하옵시고
너희가 사랑 가운데서 뿌리가 박히고 터가 굳어져서
18. 능히 모든 성도와 함께 지식에 넘치는 그리스도의 사랑을 알아
19. 그 넓이와 길이와 높이와 깊이가 어떠함을 깨달아 하나님의 모든
충만하신 것으로 너희에게 충만하게 하시기를 구하노라
20. 우리 가운데서 역사하시는 능력대로 우리의 온갖 구하는 것이나
생각하는 것에 더 넘치도록 능히 하실 이에게
21. 교회 안에서와 그리스도 예수 안에서 영광이 대대로 영원 무궁하
기를 원하노라 아멘

사도 바울의 고난

아시아에서 당한 환난과 위로, 고린도후서 1장

3. 찬송하리로다 그는 우리 주 예수 그리스도의 하나님이시요 자비의 아버지시요 모든 위로의 하나님이시며
4. 우리의 모든 환난 중에서 우리를 위로하사 우리로 하여금 하나님께 받는 위로로써 모든 환난 중에 있는 자들을 능히 위로하게 하시는 이시로다
5. 그리스도의 고난이 우리에게 넘친것 같이 우리의 위로도 그리스도로 말미암아 넘치는도다
6. 우리가 환난 받는 것도 너희의 위로와 구원을 위함이요 혹 위로 받는 것도 너희의 위로를 위함이니 이 위로가 너희 속에 역사하여 우리가 받는것 같은 고난을 너희도 견디게 하느니라
7. 너희를 위한 우리의 소망이 견고함은 너희가 고난에 참예하는 자가 된것 같이 위로에도 그러할 줄을 앎이라
8. 형제들아 우리가 아시아에서 당한 환난을 너희가 알지 못하기를 원치 아니하노니 힘에 지나도록 심한 고생을 받아 살 소망까지 끊어지고

9. 우리 마음에 사형 선고를 받은 줄 알았으니 이는 우리로 자기를 의뢰하지 말고 오직 죽은 자를 다시 살리시는 하나님만 의뢰하게 하심이라
10. 그가 이같이 큰 사망에서 우리를 건지셨고 또 건지시리라 또한 이 후에라도 건지시기를 그를 의지하여 바라노라
11. 너희도 우리를 위하여 간구함으로 도우라 이는 우리가 많은 사람의 기도로 얻은 은사를 인하여 많은 사람도 우리를 위하여 감사하게 하려 함이라
12. 우리가 세상에서 특별히 너희에게 대하여 하나님의 거룩함과 진실함으로써 하되 육체의 지혜로 하지 아니하고 하나님의 은혜로 행함은 우리 양심의 증거하는 바니 이것이 우리의 자랑이라
13. 오직 너희가 읽고 아는 것 외에 우리가 다른 것을 쓰지 아니하노니 너희가 끝까지 알기를 내가 바라는 것은
14. 너희가 대강 우리를 아는것 같이 우리 주 예수의 날에 너희가 우리의 자랑이 되고 우리가 너희의 자랑이 되는 것이라

거짓 사도와 바울의 참된 자랑, 고린도후서 11장

1. 원컨대 너희는 나의 좀 어리석은 것을 용납하라 청컨대 나를 용납하라
2. 내가 하나님의 열심으로 너희를 위하여 열심 내노니 내가 너희를 정결한 처녀로 한 남편인 그리스도께 드리려고 중매함이로다
3. 뱀이 그 간계로 이와를 미혹케 한 것 같이 너희 마음이 그리스도를 향하는 진실함과 깨끗함에서 떠나 부패할까 두려워하노라

4. 만일 누가 가서 우리의 전파하지 아니한 다른 예수를 전파하거나 혹 너희의 받지 아니한 다른 영을 받게 하거나 혹 너희의 받지 아니한 다른 복음을 받게 할 때에는 너희가 잘 용납하는구나
5. 내가 지극히 큰 사도들보다 부족한 것이 조금도 없는 줄 생각하노라
6. 내가 비록 말에는 졸하나 지식에는 그렇지 아니하니 이것을 우리가 모든 사람 가운데서 모든 일로 너희에게 나타내었노라
7. 내가 너희를 높이려고 나를 낮추어 하나님의 복음을 값 없이 너희에게 전함으로 죄를 지었느냐
8. 내가 너희를 섬기기 위하여 다른 여러 교회에서 요를 받은 것이 탈취한 것이라
9. 또 내가 너희에게 있어 용도가 부족하되 아무에게도 누를 끼치지 아니함은 마게도냐에서 온 형제들이 나의 부족한 것을 보충하였음이라 내가 모든 일에 너희에게 폐를 끼치지 않기 위하여 스스로 조심하였거니와 또 조심하리라
10. 그리스도의 진리가 내 속에 있으니 아가야 지방에서 나의 이 자랑이 막히지 아니하리라
11. 어떠한 연고뇨 내가 너희를 사랑하지 아니함이냐 하나님이 아시느니라
12. 내가 하는 것을 또 하리니 기회를 찾는 자들의 그 기회를 끊어 저희로 하여금 그 자랑하는 일에 대하여 우리와 같이 되게 하려 함이로라
13. 저런 사람들은 거짓 사도요 궤휼의 역군이니 자기를 그리스도의 사도로 가장하는 자들이니라
14. 이것이 이상한 일이 아니라 사탄도 자기를 광명의 천사로 가장하

나니

15. 그러므로 사탄의 일군들도 자기를 의의 일군으로 가장하는 것이 또한 큰 일이 아니라 저희의 결국은 그 행위대로 되리라

16. 내가 다시 말하노니 누구든지 나를 어리석은 자로 여기지 말라 만일 그러하더라도 나로 조금 자랑하게 어리석은 자로 받으라

17. 내가 말하는 것은 주를 따라 하는 말이 아니요 오직 어리석은 자와 같이 기탄 없이 자랑하노라

18. 여러 사람이 육체를 따라 자랑하니 나도 자랑하겠노라

19. 너희는 지혜로운 자로서 어리석은 자들을 기쁘게 용납하는구나

20. 누가 너희로 종을 삼거나 잡아 먹거나 사로잡거나 자고하다 하거나 뺨을 칠지라도 너희가 용납하는도다

21. 우리가 약한 것 같이 내가 욕되게 말하노라 그러나 누가 무슨 일에 담대하면 어리석은 말이나마 나도 담대하리라

22. 저희가 히브리인이냐 나도 그러하며 저희가 이스라엘인이냐 나도 그러하며 저희가 아브라함의 씨냐 나도 그러하며

23. 저희가 그리스도의 일군이냐 정신 없는 말을 하거니와 나도 더욱 그러하도다 내가 수고를 넘치도록 하고 옥에 갇히기도 더 많이 하고 매도 수없이 맞고 여러번 죽을뻔 하였으니

24. 유대인들에게 사십에 하나 감한 매를 다섯번 맞았으며

25. 세번 태장으로 맞고 한번 돌로 맞고 세번 파선하는데 일주야를 깊음에서 지냈으며

26. 여러 번 여행에 강의 위험과 강도의 위험과 동족의 위험과 이방인의 위험과 시내의 위험과 광야의 위험과 바다의 위험과 거짓 형제 중의 위험을 당하고

27. 또 수고하며 애쓰고 여러번 자지 못하고 주리며 목마르고 여러번 굶고 춥고 헐벗었노라
28. 이 외의 일은 고사하고 오히려 날마다 내 속에 눌리는 일이 있으니 곧 모든 교회를 위하여 염려하는 것이라
29. 누가 약하면 내가 약하지 아니하며 누가 실족하게 되면 내가 애타하지 않더냐
30. 내가 부득불 자랑할진대 나의 약한 것을 자랑하리라
31. 주 예수의 아버지 영원히 찬송할 하나님이 나의 거짓말 아니하는 줄을 아시느니라
32. 다메섹에서 아레다왕의 방백이 나를 잡으려고 다메섹 성을 지킬새
33. 내가 광주리를 타고 들창문으로 성벽을 내려가 그 손에서 벗어 났노라

사도 바울의 천국 환상과 계시, 고린도후서 12장

1. 무익하나마 내가 부득불 자랑하노니 주의 환상과 계시를 말하리라
2. 내가 그리스도 안에 있는 한 사람을 아노니 십 사년 전에 그가 세째 하늘에 이끌려 간 자라 (그가 몸 안에 있었는지 몸 밖에 있었는지 나는 모르거니와 하나님은 아시느니라)
3. 내가 이런 사람을 아노니 (그가 몸 안에 있었는지 몸 밖에 있었는지 나는 모르거니와 하나님은 아시느니라)
4. 그가 낙원으로 이끌려가서 말할 수 없는 말을 들었으니 사람이 가

히 이르지 못할 말이로다
5. 내가 이런 사람을 위하여 자랑하겠으나 나를 위하여는 약한 것들 외에 자랑치 아니하리라
6. 내가 만일 자랑하고자 하여도 어리석은 자가 되지 아니할 것은 내가 참말을 함이라 그러나 누가 나를 보는 바와 내게 듣는 바에 지나치게 생각할까 두려워하여 그만 두노라
7. 여러 계시를 받은 것이 지극히 크므로 너무 자고하지 않게 하시려고 내 육체에 가시 곧 사탄의 사자를 주셨으니 이는 나를 쳐서 너무 자고하지 않게하려 하심이니라
8. 이것이 내게서 떠나기 위하여 내가 세번 주께 간구하였더니
9. 내게 이르시기를 내 은혜가 네게 족하도다 이는 내 능력이 약한데서 온전하여짐이라 하신지라 이러므로 도리어 크게 기뻐함으로 나의 여러 약한것들에 대하여 자랑하리니 이는 그리스도의 능력으로 내게 머물게 하려함이라
10. 그러므로 내가 그리스도를 위하여 약한 것들과 능욕과 궁핍과 핍박과 곤란을 기뻐하노니 이는 내가 약할 그 때에 곧 강함이니라
11. 내가 어리석은 자가 되었으나 너희가 억지로 시킨 것이니 내가 너희에게 칭찬을 받아야 마땅하도다 내가 아무 것도 아니나 지극히 큰 사도들보다 조금도 부족하지 아니하니라
12. 사도의 표된 것은 내가 너희 가운데서 모든 참음과 표적과 기사와 능력을 행한 것이라

그리스도의 편지, 새 언약의 일꾼들, 고린도후서 3장

2. 너희가 우리의 편지라 우리 마음에 썼고 뭇사람이 알고 읽는바라
3. 너희는 우리로 말미암아 나타난 그리스도의 편지니 이는 먹으로 쓴 것이 아니요 오직 살아 계신 하나님의 영으로 한 것이며 또 돌비에 쓴 것이 아니요 오직 육의 심비에 한 것이라
4. 우리가 그리스도로 말미암아 하나님을 향하여 이같은 확신이 있으니
5. 우리가 무슨 일이든지 우리에게서 난 것같이 생각하여 스스로 만족할 것이 아니니 우리의 만족은 오직 하나님께로서 났느니라
6. 저가 또 우리로 새 언약의 일군 되기에 만족케 하셨으니 의문으로 하지 아니하고 오직 영으로 함이니 의문은 죽이는 것이요 영은 살리는 것임이니라
7. 돌에 써서 새긴 죽게 하는 의문의 직분도 영광이 있어 이스라엘 자손들이 모세의 얼굴의 없어질 영광을 인하여 그 얼굴을 주목하지 못하였거든
8. 하물며 영의 직분이 더욱 영광이 있지 아니하겠느냐
9. 정죄의 직분도 영광이 있은즉 의의 직분은 영광이 더욱 넘치리라
10. 영광되었던 것이 더 큰 영광을 인하여 이에 영광될 것이 없으나
11. 없어질 것도 영광으로 말미암았은즉 길이 있을 것은 더욱 영광 가운데 있느니라
12. 우리가 이같은 소망이 있으므로 담대히 말하노니
13. 우리는 모세가 이스라엘 자손들로 장차 없어질 것의 결국을 주목

치 못하게 하려고 수건을 그 얼굴에 쓴 것 같이 아니하노라

14. 그러나 저희 마음이 완고하여 오늘까지라도 구약을 읽을 때에 그 수건이 오히려 벗어지지 아니하고 있으니 그 수건은 그리스도 안에서 없어질 것이라

15. 오늘까지 모세의 글을 읽을 때에 수건이 오히려 그 마음을 덮었도다

16. 그러나 언제든지 주께로 돌아가면 그 수건이 벗어지리라

17. 주는 영이시니 주의 영이 계신 곳에는 자유함이 있느니라

18. 우리가 다 수건을 벗은 얼굴로 거울을 보는것 같이 주의 영광을 보매 저와 같은 형상으로 화하여 영광으로 영광에 이르니 곧 주의 영으로 말미암음이니라

요한계시록 22장

20. 이것들을 증거하신 이가 가라사대 내가 진실로 속히 오리라 하시거늘 아멘 주 예수여 오시옵소서

21. 주 예수의 은혜가 모든 자들에게 있을지어다 아멘

마치며

이 땅에서의 삶은 예수 그리스도를 대신한 믿는 자의 책무이며 소명입니다.
성경의 줄기를 모르면 성경 속에서 길을 잃어버립니다.
그래서 예수 그리스도의 이름은 있지만 예수 이름으로 보내주시는 성령은 우리의 마음 속에 없는 것입니다.
교회가 성령의 길을 잃고 성령을 가르치려니 교회의 예배당을 성전으로 승격시켜서 율법으로 신앙을 혼돈시켰습니다.
성도는 성전을 섬기고 목사는 제사장이 된 구약의 상황이 지금 교회의 자화상이 되었습니다
한 번 구원은 없어지지 않는다.
성경이 완성된 지금은 성령의 능력이 나타나지 않는다.
지금 교회는 신학을 가르치는 곳이지 예수의 생명으로 살아가야 하는 성경의 임마누엘을 배우고 가꾸고 동행하는 삶을 알기 어렵습니다.
그래서 율법의 경건은 교회를 둘러싸고 있으나 예수 생명이 된 삶의 경건은 보기 힘든 상황이 되었습니다
지금의 한국교회는 사람들이 예수의 이름을 몰라서 전도가 안되고 부흥이 안되는 것이 아닙니다.
신학을 전공하고 성경 지식으로 가득찬 지도자들이 순종과 충성으로 성도들을 가르치고 높임을 받으려 하는 것이 전도와 부흥의 문제가 되었음을 인식해야 합니다.

우리는 스스로 점검해야 합니다

나는 예수 이름으로 주시는 진리의 성령으로 살아가고 있는가?

우리의 신앙 생활은 표피적 기쁨과 신앙으로 육체의 소망을 들어주는 기도의 간구가 대다수를 차지하고 있습니다.

이제 성경의 줄기를 다시 한번 생각하면서 오직 예수 그리스도로 인하여 오는 내면의 기쁨과 신앙으로 사탄의 미혹을 이기는 신앙인이 되어야 합니다.

하나님이 주시는 진리의 성령과 함께하는 그리스도의 일꾼으로 성장해 나가는 교회가 되어야 합니다.

성도들은 성경을 모르고 교회를 등록하고 배우게 됩니다.

이 글이 성경을 읽는 이들에게 성경의 줄기를 이해하고 성경을 바로 보는 길잡이로 사용되기를 바랍니다.

한국 교회에 그토록 많은 이단이 나오게 되는 것도 교회에서의 가르침이 하나님의 의도와는 다르기 때문입니다.

본서는 필력이 부족한 성도가 영으로 거듭나기 위한 성경의 핵심을 기술하였으나 제가 다 적지 못한 좋은 말씀의 글이 성경에 적혀 있습니다.

이 책을 바탕으로 교회에서 성경의 핵심을 새롭게 만드셔서 성도에게 가르치기를 바랍니다.

그래서 이 책은 저작권이 없습니다.

부디 한국 교회가 율법의 순종에서 벗어나고 영으로 거듭나서 하나님의 나라가 이루어지기를 기도합니다.

“보라 날이 이르리니 내가 이스라엘 집과 유다 집에 새 언약을 맺으리라.

그날 후에 내가 이스라엘 집과 맺을 언약은 이러하니 곧 내가 나의 법을 그들의 속에 두며 그들의 마음에 기록하여 나는 그들의 하나님이 되고 그들은 내 백성이 될 것이라.
네 마음과 네 자손의 마음에 할례를 베푸사 너로 마음을 다하며 뜻을 다하여 네 하나님 여호와를 사랑하게 하사 너로 생명을 얻게 하실 것이라.
이로 말미암아 그는 새 언약의 중보자시니 영원한 기업의 약속을 얻게 하려 하심이라.
이제 그리스도의 피 뿌림으로 자기를 단번에 제물로 드려 죄를 없이 하시려고 세상 끝에 나타나셨느니라. 너희는 그리스도의 편지니 오직 살아 계신 하나님의 영으로 쓴 것이며 오직 육의 마음판에 쓴 것이라. 너희는 하나님의 비밀을 맡은 자로 새 언약의 일꾼이며 그리스도의 일꾼이 되라."

우리는 예수 그리스도가 십자가의 피 뿌림으로 마음판에 할례로 새긴 그리스도의 편지입니다.
우리의 마음과 생각에 그리스도의 법이 새겨져 세상의 소금이 되는 천국의 삶을 살다가 하나님 아버지께 잘 도달하기를 기도합니다.

"미래는 달려오고 오늘은 과거가 됩니다.
오늘을 하나님 뜻으로 살아내면 미래는 성령의 열매를 맺습니다."

감사합니다.